Philipp-Kaspar Pfannenstiel

Kreuzgänge
In Stein bewahrte Stille

Gewidmet meiner Frau Krista

Philipp-Kaspar Pfannenstiel

Kreuzgänge
In Stein bewahrte Stille

Ein Reisebegleiter zu den Kreuzgängen in
Nord- und Ostdeutschland

Projekte-
Verlag
Cornelius GmbH

Titel: Kreuzgang in Börstel, Gemeinde Berge, Krs. Osnabrück
Rückseite: Kreuzgang in Königslutter, Krs. Helmstedt

Impressum

1. Auflage
© Projekte-Verlag Cornelius GmbH, Halle 2008 • www.projekte-verlag.de
Mitglied im Börsenverein des Deutschen Buchhandels

Satz und Druck: Buchfabrik JUCO • www.jucogmbh.de

ISBN 978-3-86634-432-7
Preis: 20,00 Euro

INHALT

Vorwort   7
   Aufbau des Reisebegleiters   7
   Dank   9

Einführung   11
   In Stein bewahrte Stillle   11
   Geschichte und Bedeutung des Kreuzgangs   12
   Aufgaben und Funktionen des Kreuzgangs   13
   Architektur des Kreuzgangs   15

Kreuzgänge in Nord- und Ostdeutschland   17
   Berlin   19
   Brandenburg   21
   Bremen   33
   Mecklenburg-Vorpommern   34
   Niedersachsen   49
   Sachsen   94
   Sachsen-Anhalt   105
   Schleswig-Holstein   142
   Thüringen   157

Anhang   179
   Ortsverzeichnis   179
   Abkürzungen   185
   Bildnachweise   185
   Glossar   186
   Literaturhinweise   197

Über den Autor   201

VORWORT

Aufbau des Reisebegleiters

In Nord- und Ostdeutschland haben sich viele Kreuzgänge oder deren Reste erhalten, trotz Zerstörungen durch Kriege, trotz Abriss und Verfall, trotz Umbauten und anderer Nutzung. Ich habe mich bemüht, alle diese wertvollen kulturhistorischen Relikte in den Bundesländern Berlin, Brandenburg, Bremen, Hamburg, Mecklenburg-Vorpommern, Niedersachsen, Sachsen, Sachsen-Anhalt, Schleswig-Holstein und Thüringen komplett zu erfassen und zu dokumentieren.
Sollte ich bei der Suche nach Kreuzgängen einen Ort übersehen haben, so bitte ich dies zu entschuldigen. Nicht immer sind die zur Verfügung stehenden Unterlagen so präzise, dass man dort das Gesuchte vermuten könnte. Mit der Beschreibung des Kreuzgangs von Derneburg, Krs. Hildesheim in Niedersachsen wird auf den Seiten 57, letzter Absatz und 58, oben ein derartiger Fall geschildert.
Nach einer knappen allgemeinen Einführung in die Geschichte, die Funktionen und die Architektur dieser Bauform folgen im Hauptteil dieses Reisebegleiters kurze Beschreibungen der Kreuzgänge. Innerhalb der Bundesländer sind sie alphabetisch geordnet und zumeist durch kleine farbige Fotos illustriert. Da sämtliche Kreuzgänge oder Kreuzgangreste aufgeführt werden, sollte der Leser nicht enttäuscht sein, wenn ihm nicht nur besonders schöne und gut erhaltene Kulturdenkmäler vorgestellt werden, sondern ihn auch – wie in der Beschreibung dann erwähnt – nur Mauerreste oder ähnliche Überbleibsel eines Kreugangs erwarten; auch sie vermitteln oft noch den Eindruck seiner einstigen Größe und Form.
Um die Einzelbeschreibungen nicht zu umfangreich werden zu lassen, wird nur auf den heute sichtbaren Bestand und dessen historische Entwicklung eingegangen. Aus gleichem Grund muss auch auf die Form- und Inhaltsdeutung (Ikonographie) von Steinmetzarbeiten sowie von Ausmalungen in den Kreuzgängen verzichtet werden.

Als Ortsnamen werden diejenigen aufgeführt, unter denen der Leser einen Kreuzgang vermuten würde. So findet man beispielsweise „Kloster Zinna", heute ein Stadtteil von Jüterbog, unter „Kloster Zinna, Stadt Jüterbog, Krs. Teltow-Fläming". Das Ortsverzeichnis im Anhang weist aber unter „Jüterbog" und „Zinna" auf „Kloster Zinna" hin. Orts- oder Stadtteile werden nur dann erwähnt, wenn sich das beschriebene Objekt nicht im Ortskern befindet. Die ursprünglichen Klosternamen sind in vielen Fällen nicht dokumentiert, so dass die in den Beschreibungen erwähnten Namen auch oft die der Heiligen sind, denen die Kloster- oder Stiftskirchen geweiht waren. Orte und Namen sind ebenfalls nach dem Alphabet aufgeführt.

Wenn, wie nicht selten, eine Besichtigung eines Kreuzgangs nicht oder nur erschwert möglich ist, zum Beispiel bei Nutzung durch eine Kloster- oder Stiftsgemeinschaft und bei heute anderweitiger Funktion, so wird in der Regel im Text darauf hingewiesen. Wegen nicht zu gewährleistender Aktualität wurde auf Angaben über Öffnungszeiten oder dergleichen verzichtet. Gleichfalls fehlen genaue Wegbeschreibungen zu den einzelnen Objekten, weil Atlanten und Autokarten mit größerem Maßstab sowie Stadtpläne die besseren Orientierungshilfen sind. In der Übersichtskarte, die als Beistecker dem Buch mitgegeben ist, sind alle die Orte eingezeichnet, in denen Kreuzgänge oder deren Reste zu finden sind. Der Anhang enthält ein Ortsverzeichnis, eine Erklärung der Abkürzungen, Bildnachweise, ein ausführliches Glossar mit Erläuterung der Fachausdrücke und eine Auswahl an weiterführender Literatur.

Zu den Beschreibungen der einzelnen Kreuzgänge möchte ich meinen Lesern noch ein persönliches Wort mitgeben. Es werden – wie in Reiseführern üblich – lediglich Fakten dargelegt, ohne eine Beurteilung oder Wertung. Damit können sich auf Sie, verehrte Leser, kaum die Gefühle übertragen, die ich beim Besuch von Kreuzgängen zumeist empfinde. Ich kann Ihnen deshalb nur empfehlen: Fahren Sie hin zu diesen eindrucksvollen oder auch schlichten Baudenkmälern und lassen Sie diese auf sich wirken. Genießen Sie die Stille, die in den Steinen bewahrt blieb, und mit der es zumeist gelingt, die Hektik des modernen Lebens zu überdecken. Sie werden die wandelnden Mönche oder Nonnen erahnen und ihr Murmeln oder ihren Gesang hören. Die Größe, der Reichtum oder auch die Armut der Klöster wird sich Ihnen mitteilen. Die hohe Kunst der mittelalterlichen Baumeister wird Ihnen bewusst werden, die diese zu Ehren Gottes entwickelten. Machen Sie sich auf den Weg zu den Kreuzgängen! Mein kleines Buch möge Sie auf Ihrer Reise begleiten.

Dank

Allen denjenigen danke ich, die mich immer wieder ermuntert haben, die Ergebnisse meiner Studien über Kreuzgänge in diesem Reisebegleiter zusammenzufassen. Besonderen Dank schulde ich meiner im Jahre 2003 verstorbenen Frau für ihre stete Unterstützung bei unseren zahlreichen gemeinsamen Fahrten zu den beschriebenen Kreuzgängen und für ihre liebevolle Geduld während der vielen Stunden, die ich zu Hause am Computer verbracht habe.

Ohne den Verleger Herrn Cornelius-Hahn und das erfahrene Team des Projekte-Verlages wäre aus meinem Manuskript kein so gelungener Reisebegleiter entstanden, wie er jetzt den Lesern vorliegt. Hierfür gebührt allen, die daran mitarbeiteten, mein ausdrücklicher Dank

Berlin, im Januar 2008   *Philipp-Kaspar Pfannenstiel*

EINFÜHRUNG

In Stein bewahrte Stille

Damals, vor vielen Jahren war es: Ich habe eine Viertelstunde Zeit. Wie kann ich sie nutzen hier im Zentrum von Essen? Menschen, Lärm, Hektik. Ich bummele vom Hauptbahnhof Richtung Fußgängerzone. Während auf der anderen Straßenseite die protzigen Türen der Kaufhäuser die Passanten anlocken, betrete ich durch eine unscheinbare Seitenpforte den Dom. Im Inneren sehe ich nur wenige andächtige Gläubige; das Gemurmel der Besucher stört ihr Gebet. Ich entdecke links eine kleine Tür, daneben ein Schild „Zum Kreuzgang". Zwei Schritte weiter und ich befinde mich im südlichen Kreuzgangflügel. Dort herrscht plötzlich für mich Stille, obwohl noch ganz leise der Lärm der Großstadt herüber dringt. Ich wandere einmal um das Geviert und setze mich dann auf die steinerne Bank, die den Kreuzgang vom Kreuzgarten unter freiem Himmel trennt. Die vier Flügel des Kreugangs wirken ganz unterschiedlich. Zerstörungen des Krieges werden offenbar, die teils geschickt, teils weniger gut beim Wiederaufbau repariert wurden.

Wochen später erlebe ich die gleiche Situation. Nach anstrengenden Arbeitsstunden und der Hektik der Großstadt finde ich sie wieder, diese Stille im Kreuzgang des Essener Münsters. Plötzlich weiß ich, die Beschäftigung mit Kreuzgängen könnte später eine reizvolle Aufgabe für mich werden.

Jahre sind vergangen. Ich habe nun Muße und entdecke auf meinen Fahrten Kreuzgänge, die ich früher nie beachtet hätte. Die romanischen und gotischen Kreuzgänge Deutschlands sprechen mich besonders an. Auch weniger eindrucksvolle, stark restaurierungsbedürftige, verfallene oder verfremdete Kreuzgänge und Kreuzgangreste spüre ich auf. Ich komme in Gegenden, die ich ohne das neue Interessengebiet nie bereist hätte, finde Kontakt zu mir bisher unbekannten Menschen. Immer mehr System entwickelt sich bei diesen Forschungen. Bald beschließe ich, alle Kreuzgänge in Nord- und Ostdeutschland aufzusuchen, sie zu dokumentieren und in Fotos festzuhalten. Aber auch in anderen Gegenden Europas besuche ich die Kreuzgänge, die an meinen Wegen liegen. So entstand im Laufe der Jahre die Grundlage zu diesem Reisebegleiter, der dem interessierten Leser helfen soll, sich in gleicher Weise durch die Orte der Stille, die Kreuzgänge beeindrucken zu lassen.

Geschichte und Bedeutung des Kreuzgangs

Die Missionierung des nord- und ostdeutschen Raumes und damit die Gründung von einzelnen Klöstern begann schon um die erste Jahrtausendwende und hatte ihren Schwerpunkt im 12. und 13. Jahrhundert. Im wesentlichen waren zuerst die Benediktiner sowie später – besonders erfolgreich – die Zisterzienser an der Christianisierung beteiligt. Die Schaffung von Bistümern (Diözesen) führte zur Bildung von weltlich-geistlichen Gemeinschaften (Kapiteln), deren Chorherren (Kanoniker) dem Bischof bei der Liturgie und Seelsorge zur Seite standen, aber auch missionarisch tätig waren.

In Nord- und Ostdeutschland sind Teile von Kreuzgängen bereits aus dem 12. Jahrhundert erhalten. Die meisten der dortigen Kreuzgangrelikte datieren vom 13. bis 15. Jahrhundert. Später wurden hier nur noch wenige Kreuzgänge errichtet. Wann, wie und warum sich überhaupt die Bauform des Kreuzgangs innerhalb der Klosterarchitektur entwickelte, konnte nie ganz eindeutig geklärt werden. Die umfassendste deutschsprachige kulturhistorische Arbeit auf diesem Spezialgebiet der Kunstgeschichte legte Legler in seiner Dissertation 1984 vor, die 1989 beim Verlag Peter Lang, Frankfurt/Main in Buchform erschien.

Das älteste Dokument über eine Klosteranlage, in der ein Kreuzgang als zentrales Bauteil zu erkennen ist, stellt der St. Galler Klosterplan aus dem ersten Viertel des 9. Jahrhunderts dar, der in einer Kopie aus dem gleichen Zeitraum erhalten ist. Auf ihm sind in Idealform etwa 40 Gebäude eingezeichnet, wobei die südlich der Kirche angeordneten Klausurgebäude, die ausschließlich den Konventualen (Mönchen oder Nonnen) zugänglich sind, einen zentralen Innenhof umschließen. Dieser hat die Abmes-

sungen von etwa 100 mal 100 karolingische Fuß (1 karolingischer Fuß entspricht etwa 34 cm), einschließlich einer überdachten umlaufenden Galerie von 12,5 Fuß Breite. Diese weist an jeder der vier Seiten zwei mal vier kleinere Rundbögen und einen großen Rundbogen als Zugang zum offenen Hof hin auf. So ist also in diesem Idealplan, der die benediktinischen Ordensregeln in allen ihren Auswirkungen berücksichtigt, erstmalig ein Bauteil zu finden, das wir heute als Kreuzgang ansprechen würden. Alle wichtigen angrenzenden Klausurräume können so von den Konventualen trockenen Fußes erreicht werden: die Kirche im Norden, das Dormitorium (Schlafsaal) im Obergeschoss und das Calefaktorium (Wärmeraum) im Erdgeschoss des Ostflügels, das Refektorium (Speisesaal mit angrenzender Küche) im Erdgeschoss des Südflügels und das Cellerarium (Vorratsraum) im Westflügel.
Wahrscheinlich ist kein Kloster auf Grund dieses Idealplanes jemals erbaut worden. Erstens mussten in praxi die tektonischen Gegebenheiten berücksichtigt werden und zweitens entwickelten sich die Klosteranlagen in der Regel im Laufe der Zeit stetig weiter, je nach Zahl der Konventualen, sowie auf Grund der wirtschaftlichen Lage und der Bedeutung des Klosters. Aus den gleichen Gründen finden wir Kreuzgänge recht unterschiedlicher Form und Größe, die zum Teil wesentlich kleiner, aber in späteren Jahrhunderten auch bedeutend größer ausgeführt wurden, als im St. Galler Klosterplan dargestellt.

Aufgaben und Funktionen des Kreuzgangs

Es liegt nahe, den ursprünglichen Zweck eines Kreuzgangs in der Schutzfunktion vor ungünstigen Witterungseinflüssen anzunehmen, in südlichen Ländern als Schattenspender und in nördlichen als Schutz vor Regen und Wind. Denn der Weg zwischen den Schlaf- oder anderen Gemeinschaftsräumen und der Kirche musste von allen Konventualen mehrfach am Tage und selbst in der Nacht zur Erfüllung der Gebete und sonstiger liturgischer Verpflichtungen gemeinsam zurückgelegt werden. Durch die Anbindung aller lebenswichtigen Räume innerhalb der Klausur an den Kreuzgang hatte dieser eine – im modernen Sprachgebrauch – logistische Funktion. Er war auch Aufenthaltsraum und diente somit der Kommunikation, da in ihm die Schweigepflicht zu bestimmten Zeiten gelockert war. Im Kreuzgang hatten die Mönche und Nonnen Gelegenheit zum Lesen, für stille Einzelgebete, aber auch für profane Arbeiten wie Körperpflege, Reinhaltung und Ausbesserung der Kleidung oder ähnliche Tätigkeiten. Im frühen Mittelalter und in kleineren Klöstern wurde der an die Kirche angelehnte Kreuzgangflügel auch als Versammlungsraum der Konventualen (wie später der Kapitelsaal) oder als Lesegang (Collatio) genutzt und war deshalb teilweise mit Bänken, Bücherschränken oder entsprechenden Nischen ausgestattet. Je nach Orden wurden im Kreuzgang auch sakrale und liturgische Handlungen zelebriert, zum Beispiel die feierlichen Fußwaschungen oder Tonsuren.

Vor allem diente der Kreuzgang als gemeinsamer Weg zur Kirche, oft mit dem Kreuz vorweg. Darin liegt sicherlich das (nur im Deutschen gebräuchliche) Wort Kreuzgang begründet. Im Englischen bezeichnet cloister, im Französischen cloître oder clôture und im Italienischen chiostro, sowohl den Kreuzgang im eigentlichen Sinne als auch jegliche Klausurbauten eines Klosters, selbst die Klosteranlage insgesamt. Wobei hierfür in diesen Sprachen durchaus auch andere Bezeichnungen benutzt werden, wie im Englischen convent, monastery, nunnery (bei Nonnenklöstern), im Französischen couvent oder monastère und im Italienischen monastero. Alle erstgenannten Wörter basieren auf dem lateinischen claustrum, was ursprünglich einen abgeschlossenen Gebäudebezirk, insbesondere einen antiken Arkaden-Innenhof (Peristylhof) bezeichnete. Gelegentlich wird auch für den Kreuzgang das Wort Ambitus (lateinisch für Umgang) gebraucht.

Der vom Kreuzgang eingeschlossene Raum (Kreuzhof, Kreuzgarten oder Klosterhof) ist meist begrünt und diente oft als Begräbnisstätte für die Äbte, Bischöfe, andere geistliche Würdenträger oder Stifter des Klosters, in manchen Gemeinschaften aber auch für alle Konventualen oder Chorherren. Doch von den Grabkreuzen leitet sich wahrscheinlich nicht die Bezeichnung Kreuzgang ab; sicherlich auch nicht von den Kreuzwegstationen, die in manchen Kreuzgängen heute zu finden sind.

Der Kreuzgang ist Passage, Wandelgang, Meditationsraum, Prozessionsweg sowie profaner Arbeitsraum in einem; er ermöglicht so den durch die Ordensregeln festgelegten Rhythmus der klösterlichen Gemeinschaft.

Architektur des Kreuzgangs

Das monastische Leben wird durch die nach innen gekehrte Architektur der Klausur dokumentiert, die sich nach außen von der übrigen Welt abschließt. Dadurch weisen (zumindest ältere) Klostergebäude an ihren Außenmauern keine Schmuckfassaden auf. Die Abgrenzung der Klausur und deren vielfältige Aufgaben ergeben fast zwangsläufig eine rechteckige oder quadratische Anordnung der einzelnen Gebäude und damit die Bildung eines geschlossenen Innenhofes. Da christliche Kirchen in der Regel in ihrer Längsausdehnung Ost-West gerichtet sind und die Klosterkirche meist eine Seite des Klausurgeviertes bildet, liegt dieser Innenhof vornehmlich südlich oder nördlich der Kirche. Die südliche Lage wurde ursprünglich bevorzugt, da die Kirche als höchstes Bauwerk den meisten Schatten und Windschutz bot. In seltenen Fällen – dann meist aus topographischen Gründen – liegen die Klausurgebäude östlich oder gar westlich der Kirche an einer ihrer Schmalseiten.

Als Verbindung zwischen der Kirche und den drei mit ihr im Rechteck angeordneten, meist zweistöckigen Klausurgebäuden bildete sich eine jeweils an ihrer Innenseite angelehnte, um den Hof laufende und mit ihm in der Regel ebenerdig angeordnete Galerie heraus, der Kreuzgang. Seine Weg- und Erschließungsfunktion durfte aber den Lichteinfall möglichst wenig behindern, was je nach Klima zu mehr oder weniger durchbrochenen Arkaden führte, die in nördlichen Ländern in späterer Zeit häufig verglast wurden. Im Gegensatz zum antiken Atrium sind jedoch die zum Hof hin angeordneten tragenden Teile, wie Säulen, Pfeiler oder Bögen zur Dokumentation der Gangfunktion auf einen durchgehenden Sockel gesetzt, der nur an festgelegten Stellen als Zugang zum Innenhof unterbrochen wird. Dieser Sockel ist in der Höhe recht unterschiedlich; er wird auch als Bank bezeichnet und stellt so ein den Kreuzgang kennzeichnendes Bauteil dar. Ebenso typisch ist für den Kreuzgang, dass er in seinem Ursprung – bis auf die Tragelemente an den Innenhofwänden von Klausurgebäuden und Kirche – als unabhängiges Bauteil aufgeführt ist. Erst nach dem Mittelalter wurden diese, den Kreuzgang charakterisierenden Kriterien nicht mehr so stark beachtet. Der umlaufende Gang wurde in die Klostergebäude und auch teilweise in das angrenzende Seitenschiff der Kirche integriert. Legler trifft hier die Unterscheidung zwischen echten und falschen Kreuzgängen.

In manchen Großklöstern wurden sogar mehrere Kreuzgänge errichtet. Nicht selten ergänzte ein an den Kreuzgang zum Innenhof hin angebautes Brunnenhaus das Ensemble. In einigen Fällen ist ein Kreuzgangflügel (meist der an die Kirche angelehnte) zweischiffig ausgeführt, damit er auch als Versammlungsraum (für Lesungen oder als Kapitelsaal) genutzt werden konnte. Waren noch im frühen Mittelalter einfache Holzkonstruktionen mit Balkendecke und Pultdach vorherrschend, so entstanden später eingewölbte Steinkonstruktionen. Diese wurden auch zum Teil – besonders in südlichen Regionen – zweistöckig ausgeführt, so dass im oberen Stockwerk ebenfalls ein Gang entstand, der zum Beispiel zwischen dem Dormitorium und der Kirche genutzt wurde.

Die oben geschilderte, nach innen gerichtete architektonische Struktur der Klausurgebäude ermöglichte es, dass der Kreuzgang auch eine – ebenfalls nur im Innern sichtbare – Fassadenfunktion übernehmen konnte. Der Schmuck an Säulen, Kapitellen, Gewölben ist vielfältig und zum Teil überaus prächtig. Besonders Steinmetzarbeiten, aber auch Fresken, Mosaiken und Stukkaturen schmücken die Kreuzgänge. Bei Stifts- und Kathedralkreuzgängen wurde die nach außen abschließende Funktion zum Teil aufgehoben, so dass sie auch von Fremden betreten werden konnten.

Auf diese Weise entstanden die von uns heute so bewunderten unterschiedlichen Formen von Kreuzgängen, deren Vielfalt sich in den verschiedenen Ländern oder innerhalb der einzelnen Baustile überaus mannigfaltig dokumentiert, je nach Vermögen und Können der Ordens- und Stiftsgemeinschaften. In Deutschland beinflussten insbesondere die Romanik und Gotik die Kreuzgangarchitektur. Spätere Kunstepochen wirkten sich in der Regel nur auf die Innenausstattung aus.

KREUZGÄNGE IN NORD- UND OSTDEUTSCHLAND

In den Bundesländern Berlin, Brandenburg, Bremen, Mecklenburg-Vorpommern, Niedersachsen, Sachsen, Sachsen-Anhalt, Schleswig-Holstein sowie Thüringen – in Hamburg konnte kein Kreuzgang mehr ermittelt werden – sind noch 161 Kreuzgänge, Teile von Kreuzgängen oder Kreuzgangreste auffindbar. Über deren Geschichte, Lage und Bestand soll nachfolgend jeweils berichtet werden.

Der Zustand der Kreuzgänge hängt zumeist stark von ihrer späteren Nutzung ab. Nur noch wenige erfüllen bis heute ihren ursprünglichen Zweck. In diesen Fällen ist die Erhaltung in der Regel gut. Doch oft wurden Klostergebäude – und damit die Kreuzgänge – nach ihrer Säkularisierung völlig artfremd genutzt, deshalb umgebaut oder in Teilen abgerissen. So blieb von ihrer ehemaligen Substanz nur wenig erhalten. Bei Nichtnutzung verfielen auch einige dieser wertvollen Kulturdenkmäler oder wurden als Baumaterial ausgebeutet, so dass sie sich uns heute nur noch als Ruinen darbieten. Gerade in den „neuen Bundesländern" ist man vielerorts um eine Restaurierung bemüht. Da ich schon Anfang der neunziger Jahre meine Recherchen und „Kreuzgang-Fahrten" begann, kann sich der heutige Zustand der Einzelobjekte bereits positiver, aber auch negativer gegenüber den nachfolgenden Beschreibungen darbieten.

Für einzelne Leser wird nur ein Teil der erwähnten Baudenkmäler so von Interesse sein, dass sich ihr Besuch dort lohnt. Die Beschreibungen sind auf dieses Faktum abgestimmt. Diese weisen auch jeweils darauf hin, ob ein Baudenkmal nicht für alle Besucher geöffnet ist. Jedoch zeigt noch eine Vielzahl der in Nord- und Ostdeutschland öffentlich zugänglichen Kreuzgänge und Kreuzgangreste eine uns besonders ansprechende Schönheit und ausdrucksvolle Schlichtheit. Damit wird die hohe Baukunst vom frühen Mittelalter bis in die Neuzeit in ihrer Vielfalt dokumentiert.

Berlin

Graues Kloster
Im Bezirk Mitte, in einer kleinen Parkanlage an der Klosterstraße, findet der Besucher der Bundeshauptstadt noch die frühgotische Kirchenruine eines Franziskaner-Klosters, genannt Graues Kloster. Die Klausurgebäude lagen nördlich der Kirche, die 1945 durch Kriegseinwirkungen stark zerstört und in späteren Jahren als Denkmal gesichert wurde. In deren Backsteinnordwand befindet sich ein Stück Feldsteinmauerwerk, das aus dem Vorgängerbau stammt, einer Hallenkirche, die Mitte des 13. Jahrhunderts errichtet sein könnte. Das Gelände um die Kirche wurde mit Abriss der nördlich gelegenen ehemaligen Stadtmauer und im Laufe der Zeit um ca. 2 m angehoben. Trotzdem erkennt der aufmerksame Betrachter auf der Außenfläche zwischen den Feldsteinen etwa in Augenhöhe vier bis fünf spitzbogenartige Gewölbeansätze und eine zugemauerte Türöffnung, die auch im Innern der Kirchenruine zu finden ist. Diese stammen aller Wahrscheinlichkeit nach von dem Südflügel des ehemaligen Kreuzgangs. Die Klostergebäude selbst sind nach der Reformation von dem 1574 gegründeten Berlinischen Gymnasium zum Grauen Kloster genutzt und vielfach umgestaltet worden. Der eigentliche vierflügelige Kreuzgang muss in der Zeit zwischen Anfang des 18. und Mitte des 19. Jahrhunderts Umbauarbeiten oder einem Brand im Jahre 1712 zum Opfer gefallen sein.

Kreuzkirche
Die im Bezirk Wilmersdorf-Charlottenburg am Hohenzollerndamm gelegene Kreuzkirche – ein Hauptwerk des Expressionismus in Berlin – wurde von 1927 bis 1929 als ein „gruppierter Kirchenbau" errichtet, der aus einem oktogonalen Zentralbau

und einem abgesetzten Westwerk als Eingangsbereich mit Glockenturm besteht. Der Verbindungsgang zwischen den beiden Bauteilen wird in der Literatur auch als „Kreuzgang" bezeichnet, hat aber andere Funktionen und soll deshalb hier nicht näher besprochen werden.

Brandenburg

Im Bundesland Brandenburg haben noch sechzehn Kreuzgänge oder deren Teile – vornehmlich von Zisterzienser-Klöstern – überdauert. Davon sind die des Doms zu Brandenburg, der Klosterruine Chorin sowie der Klöster Heiligengrabe, Neuzelle und Prenzlau besonders sehenswert. Von fünf anderen Kreuzgängen sind nur noch kümmerliche Reste erhalten.

Angermünde, Krs. Uckermark

Von dem in der Mitte des 13. Jahrhunderts gegründeten Franziskaner-Kloster ist lediglich die Kirche erhalten, an deren Südwand noch Spuren vom Dachansatz eines zweistöckigen Kreuzgangflügels zu finden sind. Die südlich der Kirche gelegenen Klostergebäude erstreckten sich bis zur heute noch vorhandenen Stadtmauer und bestanden wahrscheinlich aus einem West-, Ost- und Süd-Gebäude sowie einem Mittelbau. Die Klausur fiel im Dreißigjährigen Krieg einem Brand zum Opfer. Die Reste wurden Ende des 18. Jahrhunderts abgerissen. Aus Grabungen ergab sich, dass der Kreuzgang einen West-, Nord- und Ost-Flügel umfasste. Das Vorhandensein eines Süd-Flügels ist nicht gesichert. Durch einen Mittelbau, der vermutlich mit dem südlichen Trakt der Klausur verbunden war, entstanden ein breiterer westlicher und ein schmalerer östlicher Kreuzhof.

Brandenburg an der Havel

Dom Sankt Peter und Paul
In der Stadt Brandenburg blieben zwei Kreuzgänge in Teilen erhalten. So umschließen die nördlich des mächtigen Domes Sankt Peter und Paul für das Domstift errichteten Klausurgebäude einen rechteckigen Hof mit Kreuzgang. Er besteht heute nur noch aus einem Nord- und einem Ost-Flügel sowie aus zwei Arkaden des West-Flügels, alle backsteinmauert. Ein am Dom gelegener Süd-Flügel ist wahrscheinlich nie ausgeführt worden.

Der älteste Teil des Kreuzgangs, der Ost-Flügel, wurde in seinem südlichen Abschnitt Mitte des 13. Jahrhunderts einstöckig mit einem Flachdach aufgeführt, jedoch später barock überbaut. So wirken die mit ihren auf Konsolen oder Halbsäulen aufliegenden Kreuzgratgewölbe sehr gedrungen. Die gotischen Arkaden werden durch eine einfache Vergitterung dreigeteilt. Sie sind heute verglast. Der nördliche Kreuzgangstrakt lehnt sich zweigeschossig an das aus der 1. Hälfte des 14. Jahrhunderts stammende Klausurgebäude an und ist zum Klosterhof durch Strebepfeiler abgestützt. Seine beiden Geschosse werden durch Kreuzgrate überwölbt. In seinem Obergeschoss wurden farbige Secco-Malereien an den Wänden und in den Gewölben gefunden, die überputzt und mehrfach überstrichen waren. Sie entstanden wahrscheinlich während des Baus dieses Kreuzgangflügels Anfang des 15. Jahrhunderts oder kurz danach. Sie sind in den Jahren 2005/2006 freigelegt und restauriert worden.

Der größte Teil der Stiftsgebäude – und damit auch der Kreuzgang – wurde ab Anfang des 18. Jahrhunderts als Schulgebäude genutzt und vielfachen Änderungen unterworfen. Heute ist dort insbesondere das Dommuseum mit dem Domschatz untergebracht.

Dominikaner-Kloster
Der zweite Kreuzgang der Stadt Brandenburg gehört zum ehemaligen Kloster Sankt Magdalena und Sankt Andreas, später Sankt Pauli, das im 14. Jahrhundert die Dominikaner im Süden der Altstadt am heutigen Sankt Pauli-Kirchplatz errichteten. Die Klausurgebäude und die nördlich gelegene Klosterkirche sind 1945 durch Kriegseinwirkungen stark zerstört worden. Eine langjährige Restaurierung konnte im Jahre 2007 abgeschlossen werden. Alle Flügel des Kreuzgangs aus dem 14. Jahrhundert sind

zweistöckig aufgeführt, wobei der West-, der Süd- und der Ost-Flügel in die Klostergebäude integriert sind. Der an die Kirche angelehnte Nord-Flügel wird durch ein Pultdach abgedeckt. Der Kreuzgang ist im Erdgeschoss einheitlich kreuzgratgewölbt mit Birnstabrippen auf einfachen Konsolen. Die spitzbogigen Fensteröffnungen werden durch schlichte zweiteilige Maßwerke untergliedert. In die Klostergebäude und die Kirche werden das Brandenburgische Landesamt für Denkmalpflege und das Archäologische Landesmuseum mit einer reichhaltigen Sammlung einziehen.

Chorin, Krs. Barnim

Die Ruinen des ehemaligen Zisterzienser-Klosters Chorin sind in ihrer Schlichtheit und Größe ein einmaliges Zeugnis der norddeutschen Backsteingotik. Sie wurden in der Romantik als Kunstwerk wiederentdeckt und unter Leitung von Karl Friedrich Schinkel im 19. Jahrhundert gesichert. Vom südlich des imposanten Kirchengebäudes gelegenen Kreuzgang, der Ende des 12. bis

Anfang des 13. Jahrhunderts errichtet wurde, sind nur der West- und der Ost-Flügel erhalten oder in der ursprünglichen Form restauriert worden. Der etwas breitere Nord- und der Süd-Flügel mit angebautem achteckigen Brunnenhaus konnten in den Fundamenten nachgewiesen werden. Der Kreuzgang ist mit den Maßen 35 m (Ost-West) mal 40 m (Nord-Süd) fast quadratisch. Die spitzbogigen Arkaden waren ehemals mit Maßwerken ausgestattet. Die Kreuzgratgewölbe ruhen auf vielfältig mit Figuren und Pflanzen geschmückten Konsolen. Auch die Schlusssteine weisen interessante Verzierungen auf. Das Klostergelände von Chorin wird heute museal genutzt. In den Sommermonaten finden vielbesuchte Konzerte im ehemaligen Kloster statt.

Gransee, Krs. Oberhavel

Von dem ehemaligen Franziskaner-Kloster hat nur noch der stark restaurierungsbedürftige Ost-Flügel mit dem zugehörigen überbauten Kreuzgangflügel überdauert, dessen spitzbogige Arkaden heute zugemauert sind. Auch können seine Kreuzrippengewölbe wegen ihres maroden Zustandes nicht besichtigt werden.

Heiligengrabe, Krs. Ostprignitz-Ruppin

Das ehemalige Zisterzienserinnen-Kloster Zum Heiligen Grabe wurde 1287 nach einem Hostienwunder gegründet. Seit der Reformation beherbergt es mit kurzen Unterbrechungen bis heute ein evangelisches Damenstift. Auch Diakonissen der Friedenshort-Gemeinschaft (früher in Schlesien beheimatet) leben und wirken seit 1946 auf dem Klostergelände.
Die Klausurgebäude mit dem backsteingemauerten vierflügeligen Kreuzgang aus dem 14. Jahrhundert liegen nördlich der Kirche. Seine gedrungenen, spitzbogigen Arkaden sind heute teilweise verglast. Nord- und Ost-Flügel werden von quadratischen Kreuzrippengewölben überdeckt. Im West- und Süd-Flügel sind die Kreuzrippen mit Taustab- oder Doppelkehlprofil ausgebildet. Einige Reste von ehemals eindrucksvollen Fresken sind erhalten. Der an die Kirche angelehnte und mit ihrem Dach abgedeckte Süd-Flügel ist doppelstöckig ausgebaut. Die anderen drei Flügel werden von den Stiftsgebäuden überbaut, die im Laufe ihrer Nutzung auch wesentliche Änderungen am Kreuzgang bedingten. So beherrschen ein dreistöckiges quadratisches Gebäude (vielleicht ein ehemaliges Brunnenhaus) am Süd-Flügel, ein Treppenhaus in der Nord-/Ost-Ecke (erbaut 1904; sogenannter „Kaiserturm") und eine am ersten Stock des Nord- und des Ost-Flügels angebaute hölzerne Galerie den ehemals so schlichten Klosterhof, hier auch „Damenhof" genannt.
Eine grundlegende Restaurierung des westlichen, des südlichen und des östlichen Kreuzgangs wurde in den Jahren 2003 bis 2005 durchgeführt, die des nördlichen ist bei vorhandenen Mitteln geplant. Besichtigungen sind im Rahmen von Führungen möglich, die auch die sehenswerte Klosterkirche und die an das Hostienwunder erinnernde Heiliggrab- oder Blutkapelle einschließen.

Kloster Zinna, Stadt Jüterbog, Krs. Teltow-Fläming

Das 1170 gestiftete Zisterzienser-Kloster Zinna wurde bereits 1553 wieder aufgehoben. Bis auf die Klosterkirche sind im 18. Jahrhundert von der südlich gelegenen, einst sehr stattlichen Anlage wesentliche Teile abgetragen worden. Vom ehemaligen Kreuzgang kann man desalb nur noch fünf Gewölbeansätze an der Ost-Wand des teilweise erhaltenen Konversen-Hauses und Reste am südlichen Seitenschiff der Kirche sehen.

Kyritz, Krs. Oberprignitz-Ruppin

Von dem um 1300 gegründeten Franziskaner-Kloster sind nur noch der stark veränderte Ost-Flügel der Klausur und ein Teil der Nord-Wand der Klosterkirche aus der zweiten Hälfte des 13. Jahrhunderts erhalten. Der Kreuzgang war wahrscheinlich vierflügelig aufgeführt. Lediglich das Eckjoch des Süd- und des West-Flügels steht noch in Backsteinmauerung, ragt aber durch Aufschüttungen um ca. 1,8 m nur teilweise über das heutige Niveau. Von den Süd- und Ost-Flügeln des Kreuzgangs kann man noch spitzbogige Gewölbeansätze an der stehengebliebenen Kirchenwand und dem Ost-Flügel des Klosters erkennen. Da die Klosterreste auf einem Privatgelände liegen, ist eine Besichtigung nur bei Veranstaltungen der Kyritzer Knattermimen (einer Laienspielgruppe) möglich.

Lehnin, Krs. Potsdam-Mittelmark

Auch das 1180 gegründete „Marienkloster" der Zisterzienser zu Lehnin wurde schon 1542 wieder aufgelöst und zum kurfürstlichen Domänenamt umgewandelt. Besonders im 18. Jahrhundert verfielen Klostergebäude und Kirche. Nachdem Mitte des 19. Jahrhunderts das Interesse an Lehnin wieder neu geweckt worden war, konnte 1911 in dem einzig erhaltenen Ost-Flügel des ehemals südlich der Kirche gelegenen Klosterquadrums das Diakonissen-Mutterhaus Louise-Henrietten-Stift aufgenommen werden.

Durch eine grundlegende Restaurierung Anfang des vergangenen Jahrhunderts überdauerte vom Kreuzgang nur der romanische Ost-Flügel, der sich – von einem Pultdach abgedeckt – an den historischen Klosterflügel lehnt. Seine Kreuzgewölbe ruhen auf fein gearbeiteten Sockeln, Halbsäulen und Konsolen. Die Bank ist verhältnismässig niedrig. Die rundbogigen Arkaden sind heute teilweise verglast. Ebenfalls gut erhalten ist der Zugang des ehemaligen Kapitelsaals vom Kreuzgang aus. Das eindrucksvolle gestufte Rundbogenportal ruht jeweils auf zwei schlanken Doppelsäulen; es zeugt ebenfalls von der hohen Kunst der romanischen Baumeister.

Lindow, Krs. Ostprignitz-Ruppin

In Lindow findet man am Ufer des Wutzsees die Ruinen eines in der ersten Hälfte des 13. Jahrhunderts gegründeten Klosters. Es trug stark zur Entwicklung der kleinen Ackerbürgerstadt bei. Die in der südlich der Kirche gelegenen Klausur lebenden, meist adeligen Nonnen gehörten vermutlich dem Zisterzienserorden an. Nach der Säkularisierung des inzwischen reichen Klosters Mitte des 16. Jahrhunderts wurden Teile der Gebäude als Damenstift genutzt. Zerstörungen im Dreißigjährigen Krieg führten zum Verfall. Nur noch Teile der westlichen Seitenmauer des Ost-Flügels der Klausur sowie des anschließenden Konventsgebäudes und deren beiden mächtige Giebel im Norden und Süden sind bis heute übrig geblieben. Man entdeckt am Fuße der Ost-Flügel-Seitenmauer noch Gewölbereste des ehemaligen – wahrscheinlich vierflügeligen – Kreuzgangs und Zugangspforten, die der angewachsene Boden des früheren Innenhofes halb überdeckt.

Mühlberg (Elbe), Krs. Elbe-Elster

Von den Gebäuden des Zisterzienserinnen-Klosters Güldenstern, das 1227 gegründet wurde, sind nur noch stark verunstaltete Reste zu erkennen. Lediglich die südlich des Klosters gelegene Kirche ist erhalten. Vom ehemaligen Kreuzgang konnten von einem fast unzugänglichen, verwahrlosten Gelände aus nur noch Ansätze der Gewölbebogen des Süd-Flügels an der nördlichen Langhauswand der Kirche und des Ost-Flügels am nördlichen Querhaus ausgemacht werden.

Neuhardenberg, OT Altfriedland, Krs. Märkisch-Oderland

Die Dorfkirche in Altfriedland ist das ehemalige Gotteshaus eines der bedeutendsten Zisterzienserinnen-Klosters in Brandenburg. Die Gebäude der Klausur verfielen nach der Reformation und dem Auszug der Nonnen. Nur die Kirche und der West-Flügel mit einem sterngewölbten, einducksvollen Refektorium und einem Rest des Kreuzgangs vom Ende des 13. Jahrhunderts blieben erhalten. Sie wurden durch unterschiedliche Nutzungen, z.B. als Brauerei, stark verunstaltet. Ein Notdach sichert diese Bauteile; die Restaurierung wird angestrebt.

Der Kreuzgang-West-Flügel ist durch eine spätere Überbauung ebenfalls verändert; seine sieben backsteingemauerten Gewölbe liegen heute ca. 1,2 m unter Niveau.

Neuzelle

Im Nordosten der Niederlausitz liegt Neuzelle am Rande der Oderniederung. Das 1268 gegründete Kloster wurde von Zisterziensern aus Altzella bei Meißen besiedelt. Im 17. und 18. Jahrhundert erfolgte durch ein beeindruckendes künstlerisches Programm eine grundlegende Barockisierung der Kirche und der nördlich von ihr gelegenen Klostergebäude, wobei nur zum Teil mittelalterliche Bausubstanz verwendet werden konn-

te. 1882 wurde die gesamte Anlage durch einen Brand stark beschädigt, jedoch einige Jahre später wieder hergestellt und erweitert.
Das Quadrum der Klausur ist etwas von der Kirche nach Norden und Westen abgesetzt, vermutlich wegen der Strebepfeiler an ihrer Nord-Seite. Ein zusätzliches Joch am Ost-Flügel des Kreuzgangs verbindet diesen mit der Klosterkirche. Der gotische Kreuzgang aus der zweiten Hälfte des 14. Jahrhunderts mit den Innenmaßen von etwa 32 m mal 32 m umschließt an allen vier Seiten den Kreuzhof. Der freistehende Süd-Flügel wird durch ein Pultdach abgedeckt. Die anderen Flügel sind mehrstöckig überbaut. Die leicht spitzbogigen mittelalterlichen Arkaden wurden besonders zum Innenhof durch Aufstockung der Bank stark verändert. Sie sind heute verglast. Die Kreuzgewölbe mit backsteingemauerten Birnstabrippen ruhen zum Teil auf originellen figürlichen Konsolen. Mittig vor dem Nord-Flügel steht ein achteckiges Brunnenhaus mit barockisiertem Obergeschoss.
Im 19. Jahrhundert wurde das Kloster säkularisiert und sein Besitz in eine Stiftung überführt, die für die Erhaltung der Anlagen sorgt. Eine Besichtigung des ehemaligen Klosters ist möglich.

Potsdam

Friedrich Wilhelm IV. von Preußen ließ Mitte des 19. Jahrhunderts südöstlich des Parks von Sanssouci als Pfarrkirche und zu seiner Grablege die Friedenskirche im klassizistischen Stil errichten. Die L-förmig angelegten Nebengebäude bestehen aus dem westlich der Kirche angeordneten Atrium, einem nördlich anschließenden Mausoleum mit nach Norden ragender Säulenhalle und dem südlich der Kirche gelegenen Kavaliersflügel, dem ein kreuzgangähnliches, rechteckiges und an das Atrium angelehntes Bauwerk vorgelagert ist. Alle diese Gebäude wurden ebenfalls unter starkem Einfluss des Klassizismus entworfen.

Die Arkaden des vierflügeligen sogenannten „Kreuzgangs" werden durch Rundbögen gebildet, die ohne Zwischenmauerung auf schlanken Säulen mit schlichter Basis und einheitlichen Kapitellen auf einer bankähnlichen Mauer ruhen. Der West-Flügel ist zum Teil zur Parkseite hin durch gleiche Arkaden geöffnet. Eine auf Balken aufgelegte hölzerne Flachdecke bildet bei allen Flügeln den oberen Abschluss.

Wenn der Besucher auch hier keinen echten Kreuzgang vorfindet, so zeugt dieses Ensemble doch davon, wie klösterliche Baukunst die spätere Architektur beeinflusst hat.

Prenzlau, Krs. Uckermark

Im Süden der Altstadt von Prenzlau, direkt an der inneren Stadtmauer errichtet, befindet sich das ehemalige Kloster Zum Heiligen Kreuz, das Ende des 13. Jahrhunderts von Dominikanern gegründet wurde. Die südlich der Klosterkirche Sant Nikolai gelegene Anlage war von jeher die größte und bis heute am besten erhaltene der acht brandenburgischen Dominikaner-Klöster. Begonnen mit dem Ost-Flügel folgten ab 1350 der Süd- und der West-Flügel. Die Gebäude erfuhren im Laufe ihrer Nutzung vielfache Änderungen.

Der schlichte Kreuzgang mit Innenmaßen von etwa 35 m mal 35 m ist von den Klausurgebäuden mehrstöckig überbaut. Der an die Kirche angelehnte Nord-Flügel wurde abgebrochen; nur noch Spuren davon sind an der Langhauswand zu erkennen. Die anderen drei Flügel wurden einheitlich ausgeführt. Ihre spitzbogigen Arkadenöffnungen zum Klosterhof – hier „Friedgarten" genannt – sind heute verglast, im Süd-Flügel mit gotisierendem Maßwerk.

In den Fensterlaibungen und an den Kreuzrippen der neun Joche jedes Flügels ist die Backsteinmauerung unverputzt gehalten. Die Auflagekonsolen und Gewölbeschlusssteine wurden mit unterschiedlichen Verzierungen dekorativ gestaltet.
Mit der Säkularisierung im Jahre 1544 begann die wechselvolle Historie des ehemaligen Klosters: Armenhaus, Hospital, Altersheim, Gefängnis, Lagerraum und heute Museum. Dieses füllt mit seiner reichhaltigen stadt- und naturgeschichtlichen Sammlung alle Räume, einschließlich des eindrucksvollen Kreuzgangs, der somit den Besuchern zugänglich ist.

Zehdenik, Krs. Oberhavel

Das um 1250 gestiftete Zisterzienserinnen-Kloster Zum Heiligen Kreuz wurde mit der Reformation evangelisches Frauenstift. Von der im Süden des Klosterbezirks gelegenen Kirche sind nur noch Reste der Nord-Wand erhalten. Auch der Ost-Flügel der Klausur stellt sich uns heute als dekorative Ruine dar. Der vielfach geänderte Nord-Flügel schließt den vollständig erhaltenen Nord-Teil des ehemaligen Kreuzgangs ein. Sein äußeres Erscheinungsbild mit den spitzbogigen, heute verglasten Öffnungen wird durch zwei später angebaute Treppenhäuser stark verunziert. Im Innern stört die Verkleinerung der Arkaden durch eine Aufmauerung der Bank. Die Kreuzgewölbe mit backsteingemauerten Birnstabrippen ruhen auf Konsolen, die wie die Schlusssteine mit Blattwerk, Früchten und Masken verziert sind. Dieser nördliche Kreuzgangflügel dient als rückseitiger Zugang zum heutigen evangelischen Stift Kloster Zehdenik. Vom West-Flügel ist nur noch ein kleiner Teil ohne Gewölbe erhalten.

Bremen

In dem im Stadtteil Mitte der Hansestadt Bremen vor einigen Jahren erbauten Gerhard-Iversen-Hof mit Parkhaus und Garage kann der interessierte Besucher innerhalb einer Gaststätte noch sieben Joche eines mittelalterlichen Kreuzganges finden. Sie gehören zu den in den modernen Baukomplex geschickt einbezogenen Ruinen des ehemaligen Dominikaner-Klosters Sankt Katharinen, das im Zweiten Weltkrieg durch Bombeneinwirkungen fast völlig zerstört wurde. Zu diesen Resten zählen auch noch das sogenannte „Refektorium" (eigentlich die Kapitelstube) und ein Querflur, die ebenfalls in ein Restaurant integriert wurden. Der Kreuzgangrest ist Teil des ehemaligen backsteingemauerten Ost-Flügels mit spitzbogigen Arkaden und Kreuzgratgewölben auf kleinen Konsolen.

Mecklenburg-Vorpommern

Von den dreizehn in Mecklenburg-Vorpommern erhaltenen Kreuzgängen sind nur noch fünf vollständig. Bei den ehemaligen Klöstern in Rostock und Stralsund lohnt ein Besuch vornehmlich wegen der eindrucksvollen Kreuzgänge. In Bad Doberan und Schwerin sind es dagegen die imposanten Kirchengebäude, in Eldena die romantischen Ruinen des ehemaligen Klosters, die eine Fahrt dorthin besonders reizvoll machen.

Bad Doberan, Krs. Rostock

Am Rande der Stadt in südöstlicher Richtung liegt das ehemalige Kloster, das Ende des 12. Jahrhunderts von Zisterziensern aus Amelungsborn (heute Niedersachsen) gegründet wurde. Bereits 1553 wurde das Kloster aufgelassen. Der größte Teil der Klostergebäude ist Anfang des 19. Jahrhunderts im Zuge des Baus der Straße südlich der Klosterkirche abgebrochen worden.
Von dem Anfang des 13. Jahrhunderts errichteten romanischen Kreuzgang blieben lediglich sechs backsteingemauerte Rundbögen des Ost-Flügels stehen, der an das südliche Querschiff der Kirche anschloss. Das Klostergebäude fehlt, an das sich dieser

Kreuzgangflügel anlehnte, und das Fundament des Kreuzganges liegt wesentlich unter dem heutigen Niveau, so dass die Bogen eigenartig und scheinbar ohne Zweck auf den Betrachter wirken. Besonders eindrucksvoll ist die als Nachfolge eines romanischen Baus im Jahre 1368 geweihte und in Backsteingotik errichtete vollständig erhaltene Kirche, auch Münster genannt.

Dobbertin, Amt Mildenitz, Krs. Parchim

Im Westen der mecklenburgischen Seenplatte liegt an der B 192 etwa 5 km nördlich des kleinen Städtchens Goldberg das ehemalige Benediktinerinnen-Kloster Dobbertin, das 1220 zunächst als Mönchskloster gegründet wurde. Die erhaltenen Kosterbauten stammen teilweise schon aus dem 13. Jahrhundert und wurden vielfach verändert.

Der im 13. und 14. Jahrhundert errichtete, mit allen vier Flügeln erhaltene gotische Kreuzgang stößt im Südwesten spitzwinklig an die Kirche, die im 19. Jahrhundert nach Plänen von Schinkel umgestaltet wurde. Der Kreuzgang wurde mehrfach restauriert und durch spätere Gebäudeteile im ersten Stockwerk überbaut, größtenteils in Fachwerk.

Seine Kreuzrippengewölbe, bei denen die auf Konsolen aufliegenden Backsteinrippen deutlich hervorragen, sind in den schmaleren Flügeln im Westen und Süden steiler als in den anderen, breiteren Flügeln. An den Süd-Flügel schließt das ebenfalls mit Kreuzrippen eingewölbte Refektorium an. Das Gebäude über dem Nord-Flügel ist zum Innenhof vorgesetzt, dessen Restaurierung 1997 begonnen wurde. Die spitzbogigen Arkaden der drei anderen Flügel erhielten im 19. Jahrhundert eine verglaste gotisierende Holzvergitterung. Warum der Kreuzgang und die Klostergebäude nicht, wie üblich, direkt an die Kirche anschließen und nicht gleich ausgerichtet sind, hat vermutlich topographische oder bautechnische Gründe.

In dem idyllisch am Nordufer des Dobbertiner Sees gelegenen ehemaligen Klosterareal befindet sich heute eine Einrichtung des Diakonischen Werkes zur Betreuung behinderter Menschen. Eine Besichtigung für die breitere Öffentlichkeit ist deshalb nicht möglich.

Eldena, Stadt Greifswald

In Eldena, einem Stadtteil von Greifswald, befinden sich in einer schönen Parklandschaft die Ruinen eines im 13. und 14. Jahrhunderts errichteten Zisterzienser-Klosters, die durch die Gemälde des Malers Caspar David Friedrich berühmt wurden. Die Klostergebäude waren südlich der Kirche gelegen. Von dem quadratischen Kreuzgang sind die Grundmauern und das am Süd-Flügel gelegene Brunnenhaus durch Grabungen nachgewiesen. Zu erkennen sind lediglich an der West-Mauer der Ruine des östlichen Klausurgebäudes noch die von Konsolen abgefangenen Gewölbeansätze und spitzbogigen Mauerdurchbrüche des Kreuzgang-Ost-Flügels.

Kloster Malchow, Stadt Malchow, Krs. Müritz

Das Ende des 13. Jahrhunderts gegründete Kloster vom Orden der Büßerinnen der Heiligen Maria Magdalena liegt am Ost-Ufer der Verbindung zwischen Fleesen- und Plauer See. Im 14. Jahrhundert traten die Nonnen zum Zisterzienser-Orden über. Nach der Reformation beherbergten die Klostergebäude ein evangelisches Damenstift, bis 1972 die letzte Konventualin starb. Die südwestlich der Kirche gebaute Anlage wurde im 18. Jahrhundert grundlegend erneuert, so dass von der historischen Struktur nur noch wenig zu erkennen ist. Die zweistöckigen Bauten sind in einem nach Nord-Ost offenen Hufeisen angeordnet. Im Erdgeschoß des West- und des Süd-Flügels befindet sich zur Hofseite hin ein durchgehender, flachgedeckter Gang, der als Relikt des ehemaligen Kreuzganges anzusprechen ist. Die kleinen quadratischen und verglasten Fensterdurchbrüche sind innen in flachen Rundbogennischen angeordnet. Ein Teil der ehemaligen Stiftsgebäude wird heute für Wohnungen genutzt. Insgesamt machte die Anlage bei unserem Besuch 1998 einen ziemlich maroden Eindruck.

In der neugotischen ehemaligen Klosterkirche aus dem 19. Jahrhundert wurde das Mecklenburgische Orgelmuseum untergebracht, das sich zwar noch im Aufbau befindet, aber schon für Besucher zugänglich ist.

Neubrandenburg

Die Stadt Neubrandenburg wurde im Mittelalter in verkehrsgünstiger Lage errichtet. Noch heute umschließt die ehemalige Altstadt, die 1945 fast vollständig zerstört und modern wieder aufgebaut

wurde, etwa kreisförmig eine Mauer mit vier eindrucksvollen gotischen, in Backstein aufgeführten Stadttoren. Im Norden, in der Nähe des Friedländer Tores, siedelten sich kurz nach der Stadtgründung Franziskaner-Mönche an und errichteten Ende des 13. Jahrhunderts nördlich ihrer Kirche Sankt Johannes ein Kloster.
Durch umfangreiche Grabungen zu Ende des 20. Jahrhunderts ist erwiesen, dass das Klostergeviert im Mittelalter von einem 3 m breiten sogenannten „Mittelflügel" unterteilt wurde, so dass im Süden ein fast quadratischer und im Norden ein schmaler rechteckiger Kreuzhof entstanden. Der südliche Kreuzgang mit flacher Holzbalkendecke ist durch rechteckige Widerlager in der mit Feldsteinen aufgeführten Nord-Mauer der Kirche und an der noch stehenden West-Mauer des Ost-Flügels nachgewiesen. Von dem spätgotischen Nord-Flügel der Klausur, auch „Refektorium" oder „Markgräfliches Gästehaus" genannt, wird der Nord-Flügel des nördlichen Kreuzganges, der wahrscheinlich den Laienbrüdern diente, einstöckig überbaut. Die erhaltenen, in Backstein gemauerten Teile des nördlichen Kreuzganges – dazu zählt auch ein Joch des West-Flügels – sind restauriert und werden von Kreuzgratgewölben abgedeckt. Die spitzbogigen, heute verglasten Arkaden ruhen auf einer niedrigen Bank. Nach der Reformation war in den Klostergebäuden ein Armenhaus untergebracht, was zu umfassenden Umbauten führte. Es ist geplant, insbesonders im ältesten Gebäude Neubrandenburgs, dem Nord-Flügel des ehemaligen Klosters, sowie in einem neu zu errichtenden Ost-Flügel einen Ausstellungskomplex zu errichten, in dem das seit einigen Jahren stark vernachlässigte Museum zur Stadt- und Regionalgeschichte untergebracht werden soll. So würden die wertvollen Reste des Franziskaner-Klosters – also auch die beiden Kreuzgänge – wieder der Öffentlichkeit zugänglich gemacht.

Rehna, Krs. Nordwestmecklenburg

Das an der B 104 etwa 11 km nordwestlich von Gadebusch gelegene ehemalige Benedektinerinnen-Kloster zu Rehna wurde im 13. Jahrhundert begründet und 1532 säkularisiert. Die Gebäude bildeten ein unregelmäßiges Viereck. Nur die nördlich gelegene Kirche, der Kapitelsaal im Süd-Flügel und Teile des Kreuzganges blieben erhalten.

Von dem kreuzrippengewölbten, in Backstein aufgemauerten gotischen Kreuzgang aus dem 15. Jahrhundert stehen noch drei Flügel; der West-Flügel ist abgetragen. Der zweistöckige Nord-Flügel wurde mit seinem Dach in das Kirchengebäude einbezogen und der Süd-Flügel in ein zweistöckiges Klausurgebäude integriert. Der dem fehlenden Ost-Flügel der Klausur ehemals vorgelagerte Kreuzgangflügel trägt ein Pultdach. Zwischen den heute verglasten, einheitlichen Spitzbogen-Arkaden liegen gemauerte Strebepfeiler. Der Zugang zum ehemaligen Klosterhof wurde vermauert und ein Rundbogenfenster eingefügt. Der Boden des Kreuzganges liegt unter dem heutigen Niveau.

Rostock

Zum Heiligen Kreuz
In Rostock haben sich noch zwei Kreuzgänge erhalten, die beide sehenswert sind. Das ehemalige Zisterzienserinnen-Kloster Zum Heiligen Kreuz liegt südwestlich der Altstadt innerhalb der früheren Stadtmauer. Die Klausurgebäude wurden südlich der dreischiffigen Hallenkirche, auch Universitätskirche genannt, in der ersten Hälfte des 14. Jahrhunderts errichtet und sind um etwa drei Joche des Kirchenschiffes nach Westen versetzt. 1562 erfolgten die Aufhebung des Klosters und seine Umwandlung in ein evangelisches Damenstift. Heute beherbergen die Gebäude das

Kulturhistorische Museum Rostock, dessen Besichtigung den vierflügeligen, fast quadratischen Kreuzgang mit einschließt.
Alle Flügel des Kreuzganges, die etwa gleichzeitig mit der Klausur erbaut wurden, sind backsteingemauert. Ihre flachen Holzdecken liegen auf Querbalken. Die Arkaden mit rechteckigen, heute verglasten Fensteröffnungen haben einen leichten Rundbogenabschluss. Die mit Pultdächern geschützten Nord- und Ost-Flügel sind zweistöckig ausgeführt mit kleinen rechteckigen Fensteröffnungen im Obergeschoss. Der Süd-Flügel ist mit dem mächtigen Dach des Refektoriums abgedeckt, der West-Flügel durch das zugehörige Klausurgebäude überbaut. Den sich an die Kirche anlehnenden Teil des Nord-Flügels und den etwas jüngeren West-Flügel stützen über beide Stockwerke reichende Strebepfeiler ab.
Von den Klostergebäuden ist besonders sehenswert das an den Süd-Flügel des Kreuzgangs angrenzende zweischiffige Refektorium, dessen weit gespannte Kreuzrippengewölbe auf schlanken Monolithsäulen ruhen.

Sankt Katharina
In der östlichen Altstadt Rostocks befindet sich das ehemalige Kloster Sankt Katharina, das im 13. Jahrhundert mit den für Franziskaner typischen zwei Kreuzhöfen erbaut und immer wieder erweitert wurde. Im Zuge der Reformation erfolgte 1534 die Auflösung des Konvents. Das große Klosterareal erlebte anschließend eine vielfältige Geschichte: 1677 beim Brand der Altstadt verheerende Schäden und teilweiser Abriss, Reste zu weltlichen Zwecken immer wieder umgebaut, Arbeits-, Armen- und Waisenhaus, Hospital, Zuchthaus, Irren- und Heilanstalt, verschiedene Schulen, Alters- und Pflegeheim, Leerstand ab 1991, Zerstörungen durch Vandalismus.
Seit dem Jahr 2001 befindet sich auf dem Gelände die Hochschule für Musik und Theater Rostock. Hierfür wurde von 1999 bis zum Einzug in erstaunlich kurzer Bauzeit und unter geschickter Verwendung historischer Substanz ein moderner Hochschulkomplex mit Konzert- und Theatersaal, Kammermusiksaal, Bibliothek und Cafeteria erstellt, der als bemerkenswertes Beispiel von funktioneller und bestandserhaltender Architektur angesehen werden kann.

Von dem nördlich an die ehemalige Kirche gelehnten größeren der beiden Kreuzgänge sind Teile des West-Flügels sowie der Nord- und der Ost-Flügel noch fast in ihrer ursprünglichen Struktur erhalten. Sie werden von Kreuzgratgewölben auf kleinen Konsolen abgedeckt. Das Niveau wurde dem jetzt höher liegenden angeglichen, so dass die spitzbogigen, heute schlicht verglasten Arkaden gedrungen und die Bank sehr niedrig wirken. Der Süd-Flügel ist im westlichen Abschnitt auf dem historischen Fundament modern gestaltet worden; lediglich das Eckjoch zum Ost-Flügel konnte als sogenanntes „Historisches Fenster" unter Verwendung der mittelalterlichen Relikte restauriert werden.

Nur der kreuzrippengewölbte schmale Süd-Flügel des Laienbrüder-Kreuzgangs steht noch. Er wurde im Niveau etwas tiefer belassen und wirkt damit gestreckter als der neben ihm liegende Nord-Flügel des etwa quadratischen Konversen-Kreuzgangs, mit dem er den Mittelbau bildet. Der rechteckige Klosterhof im Norden wird heute von einem Glasdach abgeschlossen und dient als Foyer der Hochschule für Musik und Theater.

Rühn, Amt Bützow-Land, Krs. Güstrow

Südlich der mächtigen Klosterkirche in Rühn aus dem 13. Jahrhundert befinden sich noch der Ost- und der West-Flügel der Klausur. Vom Kreuzgang gibt der an die Kirche angelehnte, zweistöckige Nord-Flügel, von dem nur einige Joche erhalten sind, noch am ehesten die ursprüngliche Gestalt in Backsteinmauerung mit einem Pultdach und spitzbogigen Öffnungen wieder; die Arkaden sind aber heute zugemauert. Im Obergeschoss befinden sich quadratische Fensteröffnungen. Die hofseitige Ansicht des Kreuzganges wiederholt sich im wesentlichen auch im Ost- und Süd-Flügel, die mit den wesentlich neueren Klostergebäuden überbaut wurden. Schwere Strebepfeiler stützen den langgestreckten östlichen Trakt ab. Besonders die Anbauten am Süd-Bau verunzieren die ursprüngliche Substanz. Von einem West-Flügel ist nichts mehr zu erkennen.

Das Klosterareal wurde zuletzt als Schule genutzt und wirkte bei meinem Besuch im Jahr 2001 sehr verwahrlost und restaurierungsbedürftig.

Schwerin

Der an Stelle des romanischen Vorgängerbaus im 14. und 15. Jahrhundert errichtete gotische Dom Sankt Marien und Johannes Evangelist erhebt sich mächtig über der Stadt. Nördlich von ihm wurde – auffallend spät – ein dreiflügeliger Kreuzgang angefügt, ohne einen Flügel an der Domseite. Dadurch dass der Nord-Flügel elf, der West-Flügel nur sechs und der Ost-Flügel nur fünf Joche aufweisen, wirkt der Kreuzgang mit seinen etwa 58 m in Ost-West-Richtung ungewohnt langgestreckt. Als Anbau an einen Dom hatte er sicherlich auch nie die eigentliche Funktion eines Kreuzgangs zu erfüllen. In seiner ursprünglichen Form blieb nur der zweistöckige, kreuzgratgewölbte Nord-Flügel erhalten. Er hat im Untergeschoss sehr hohe spitzbogige Arkaden zwischen Strebepfeilern und dient heute als öffentlicher Durchgang. Über jeder Arkade sind im Obergeschoss zwei hohe Fenster mit oberem Rundbogenabschluss angeordnet. Der Ost- und der West-Flügel verloren ihre eigentliche Gestalt durch Umbauten im 19. Jahrhundert. In den damals erstellten Gebäuden, in die die Kreuzgangflügel integriert wurden, sind noch einige ihrer Kreuzrippengewölbe zu erkennen.

Stralsund

Die wahrscheinlich vor dem frühen 13. Jahrhundert gegründete Siedlung Stralow, später Stralsund, beherbergte am Rande der Altstadt zwei Klöster der Bettelorden, von denen noch wesentliche Bauteile erhalten sind.

Sankt Johannis
Das im Norden gelegene ehemalige Franziskaner-Kloster Sankt Johannis wurde 1254 gegründet. Der Bau der Klausur war im wesentlichen zu Beginn des 14. Jahrhunderts abgeschlossen. Im Verlauf der Reformation richteten 1525 die Bürger der Stadt große Zerstörungen im und am Kloster an und vertrieben die Mönche. Später brachte dort die Stadt ein großes Armenhaus und ein Heim für zahlende ältere Bürger unter, die als Prövener (von Präbende = Hebung) bezeichnet wurden. Im Jahre 1624 zerstörte ein Brand die früheren

Klostergebäude einschließlich der im Süden gelegenen imposanten Hallenkirche, deren Chor einige Jahre später als Kleine Johanniskirche wieder aufgebaut wurde. Etwa gleichzeitig errichtete man im unbedeckten Kirchenschiff einen kreuzgangähnlichen Innenhof von insgesamt 17 Joch mit leicht spitzbogigen Arkaden. Dieser Hof und die Kleine Johanniskirche fielen im Kriegsjahr 1944 einem Bombenangriff zum Opfer. Nur noch die Außenmauern konnten gesichert und 1988 zu einer Gedenkstätte mit einer nach Entwürfen von Barlach geschaffenen, eindrucksvollen Pietà umgestaltet werden. Nach unterschiedlichsten Nutzungen ab dem 16. Jahrhundert ist in den ehemaligen Klostergebäuden, die ab 1963 innerhalb von 20 Jahren vorbildlich restauriert wurden, heute das städtische Archiv untergebracht. Von dem rechteckigen, zweistöckigen gotischen Kreuzgang aus dem 14. Jahrhundert sind noch die backsteingemauerten Ost-, Nord- und der schmale West-Flügel vollständig erhalten. Sie sind im Erdgeschoss kreuzgratgewölbt, ihre Spitzbogen heute modern verglast und am West- und Ost-Flügel durch Stützpfeiler unterteilt. Die Wandmalereien aus dem 14. Jahrhundert im Ost-Flügel, die eine Marienkrönung darstellen, wurden 1965 bei Abbrucharbeiten in einem Hinterhofhaus der Altstadt entdeckt und nach hier transplantiert. Lage und Form des Süd-Flügels können nur an Fundamentresten und den Gewölbeauflagen an der Nord-Wand der ehemaligen Hallenkirche erkannt werden. Das Stadtarchiv nutzt die drei erhaltenen Flügel und andere Teile der ehemaligen Klausur zur Ausstellung von sehenswerten Teilen aus seinem Bestand.

Sankt Katharina
Mitte des 13. Jahrhundert ließen sich Dominikaner-Mönche im Westen der Altstadt nieder und errichteten ihr Kloster Sankt Katharina in Backstein, dem damals einzig verfügbaren Baumaterial außer Holz und Lehm. Die gotische Hallenkirche konnte Anfang des 14. Jahrhunderts nach sechzigjähriger Bauzeit fertiggestellt werden. Sie diente im 17. Jahrhundert, nach Einbau einer Zwischendecke, der königlich schwedischen Regierung als Arsenal und Zeughaus. Seit 1973 beherbergen das Kirchengebäude und einige Räume im Obergeschoss der westlichen ehemaligen Klausur das sehenswerte Deutsche Museum für Meereskunde und Fischerei.

Die südlich gelegenen Klostergebäude erhielten ihre jetzige Grundform durch eine Gesamterneuerung im späten 15. Jahrhundert. Auch das Katharinen-Kloster wurde in den Reformationswirren geplündert; die Mönche zogen fort. Nachdem für kurze Zeit Birgitten von den Gebäuden Besitz ergriffen hatten, richtete der Rat der Stadt im 16. Jahrhundert dort ein Gymnasium und ein Waisenhaus ein, wozu wesentliche Umbauten notwendig waren. Seit Anfang des 20. Jahrhunderts ist in dem ehemaligen Klosterareal das frühere Provinzialmuseum, heute Kulturhistorisches Museum, untergebracht. Die weitläufigen Gebäude sind im Rechteck angeordnet und umschließen zwei Innenhöfe, an deren Seiten teilweise Kreuzgangflügel erhalten sind.

Der verhältnismäßig kleine östliche Klosterhof wird von den inneren Klausurgebäuden umschlossen. Der dreiflügelige Kreuzgang im Westen, Norden und Osten ist erhalten. Durch seinen stark veränderten Ost-Flügel betreten heute die Besucher von der Mönchstraße her das Museum. Eine Treppe führt abwärts auf das ursprüngliche Niveau und in den Nord-Flügel mit Kreuzrippengewölben auf Konsolen. Seine hohen, heute verglasten Arkaden sind vierfach unterteilt und ruhen auf einer niedrigen Bank; er wird von einem Pultdach überdeckt und mit Strebepfeilern abgestützt. Der West-

Flügel ist ähnlich gestaltet und dem Mittelbau vorgelagert, in dessen Erdgeschoss der sogenannte „Kapitelsaal" und das Winterrefektorium, im Obergeschoss das Dormitorium untergebracht sind. Ein als „Remter" – an anderer Stelle auch als „Kapitelsaal" oder als „Sommerrefektorium" – bezeichneter, prachtvoll ausgemalter, dreischiffiger Saal schließt auf der Süd-Seite den östlichen Klosterhof. Den westlichen Klosterhof, dessen Innenansicht im 19. Jahrhundert im neugotischen Stil verändert wurde, grenzen zweistöckige Klostergebäude ein, in denen noch Räume mit zum Teil prächtigen Sterngewölben zu besichtigen sind. Der nördliche, hier überbaute Kreuzgangflügel setzt sich nach Westen fort (heute vermauert) und endet am Necessarium (Aborterker) in der Stadtmauer. Er ist in fast gleicher Form gestaltet wie sein Pendant, der Nord-Flügel des östlichen Klosterhofes. Diese beiden Nord-Flügel verbindet der schon erwähnte sogenannte „Kapitelsaal". Vor allem wegen seiner Durchgangsfunktion sind dessen eigentliche Aufgaben nicht vollständig geklärt. In dem den westlichen Klosterhof im Westen begrenzenden Gebäude führt im Erdgeschoss ein schmaler, kreuzgratgewölbter Gang nach Süden bis zum Ende des Klosterkomplexes. Die spitzbogigen Fensteröffnungen dieses kreuzgangähnlichen Gebäudeteils sind heute vermauert; er dient als Abstellraum.

Die südliche Begrenzung des westlichen Klosterhofes bildet ein vermutlich als ehemalige Küche anzusprechendes Gebäude. Diesem und dem Mittelbau sind keine Kreuzgangflügel vorgelagert. Der Dichter Ernst Moritz Arndt verbrachte einen Teil seiner Schulzeit in den Gebäuden des Katharinenklosters. Ihm wurde um 1900 eine Bronzebüste im westlichen Klosterhof gewidmet, der deshalb auch Arndt-Hof genannt wird.

Zarrentin, Krs. Ludwigslust

In Zarrentin, an der südwestlichen Spitze des Schaalsees gelegen, gründeten Mitte des 13. Jahrhunderts Zisterzienserinnen ein Kloster südlich der schon vorhandenen, feldsteingemauerten Dorfkirche, die sie Ende des 14. Jahrhunderts für ihre Zwecke ausbauten. Das Kloster wurde in der Mitte des 16. Jahrhunderts wieder aufgehoben; seine Gebäude sind wegen verschiedenartiger Nutzung mehrfach umgebaut oder abgerissen worden. Direkt über dem Seeufer überdauerten bis heute nur die Kirche und der zweistöckige Ost-Flügel der Klausur, der als „Hauptgebäude" oder als „Brauhaus" (wahrscheinlich wegen einer späteren Verwendung) bezeichnet wird. Die drei Räume im Erdgeschoss sind alle zweischiffig und kreuzgratgewölbt; sie erhalten von der Seeseite Licht durch hohe spitzbogige Fenster.

Auf der Hofseite wird das „Hauptgebäudes" durch den integrierten Ost-Flügel des Kreuzgangs mit 14 Jochen erschlossen. Backsteingemauerte Kreuzgrate, die auf reich verzierten Konsolen ruhen, decken die Gewölbe ab; sie vereinigen sich in unterschiedlich gestalteten Schlussornamenten. Die spitzbogigen Arkaden waren zum Teil zugemauert und werden im Rahmen der im Jahr 2002 noch andauernden Rekonstruktion des Gebäudes, die nach und nach durchgeführt werden soll, in der alten Form geöffnet. Das Niveau des Kreuzganges liegt weit unter dem heutigen, so dass die Bank von außen sehr niedrig erscheint. Die anderen Kreuzgangflügel sind nicht mehr erhalten. Ein wahrscheinlich dreijochiger Kreuzgangteil verband als kurzer Nord-Flügel das „Hauptgebäude" mit der Kirche. Die Lage des Süd- und des West-Flügels kann nur vermutet werden.

Anfang des 20. Jahrhunderts war im „Hauptgebäude" eine Jugendherberge untergebracht, später wohnten dort Bombengeschädigte aus Hamburg. Zu DDR-Zeiten nutzten die Grenzpolizei, die Feuerwehr, ein Kinderhort, die örtliche Bibliothek und die Zarrentiner Heimatstube die Räume. Zur Restaurierung wurde der Bau geräumt und soll nach der Fertigstellung zu kulturellen Zwecken genutzt werden. Dann wird auch die ausgelagerte Heimatstube wieder dort einziehen, ein Museum, das eine mit Liebe gestaltete Sammlung zur Regional- und Stadtgeschichte Zarrentins zeigt, unter anderem auch eine interessante Dokumentation und Modelle zum Thema „Ehemalige innerdeutsche Grenze".

… Niedersachsen

Niedersachsen

Im Bundesland Niedersachsen haben 49 Kreuzgänge oder deren Reste bis heute überdauert; eine erstaunlich hohe Zahl. Besonders aus diesem Landstrich heraus wurde im frühen Mittelalter die Missionierung nach Osten geführt. Eindrucksvolle Kreuzgänge findet der Besucher unter anderem in Börstel, Fischbeck, Hildesheim, Königslutter, Osnabrück, Walkenried und in den sogenannten „Heideklöstern". Viele der Kreuzgänge sind nur in Relikten erhalten oder wurden für spätere Nutzungen so umgebaut, dass von der ursprünglichen Gestaltung nur wenig zu erkennen ist.

Amelungsborn

Die Zisterzienser, die Anfang des 12. Jahrhunderts Amelungsborn zur Klostergründung erreichten, kamen vom Niederrhein. Sie bauten ihre Klausur auf einem Hochplateau westlich des heutigen Ortes Stadtoldendorf. Als offizielles Gründungsdatum gilt das Jahr 1135. Schon kurze Zeit später wurden auch von Amelungsborn aus Mönche entsandt, um im Osten weitere Zisterzienser-Niederlassungen zu gründen, wie beispielsweise in Doberan oder Riddagshausen. Daran ist zu erkennen, wie schnell sich schon im frühen Mittelalter der Zisterzienser-Orden ausbreitete. Ende des 13. Jahrhunderts lebten in Amelungsborn etwa 50 Mönche und 90 Laienbrüder. Es war also ein verhältnismäßig großes und somit reiches Kloster, das jedoch nach der Reformation durch Krieg, Verwüstung und Plünderung einem starken Verfall preisgegeben wurde. Bei grundlegenden Restaurierungen Ende des 19. Jahrhunderts sind leider wichtige Gebäudeteile abgerissen worden, unter anderem auch der Kreuzgang. In den letzten Tagen des Zweiten Weltkrieges wurden die übriggebliebenen Teile der Klosteranlage bei einem Luftangriff stark zerstört. Ihr Wiederaufbau schuf die Möglichkeit, dass dort im Jahr 1960 ein evangelisch-lutherischer Konvent einziehen konnte.

Von dem ehemals südlich der Kirche gelegenen Kreuzgang findet man nur noch spärliche Reste. Aus dem Ost-Flügel des Kreuzganges hatten die Mönche Zugang in das südliche Querschiff und von dort in den Chor der Kirche. Das schöne Portal wird oben durch einen romanischen Rundbogen abgeschlossen. Die Gewände sind dreifach gestuft. Die Tür ist heute vermauert und mit einem rechteckigen Fensterdurchbruch zum südlichen Querschiff versehen. Über dem Portal entdeckt man noch vier Konsolen, auf denen die flache Kreuzgangdecke auflag. Vom West-Flügel des Kreuzgangs ist noch die Rückwand am westlichen Klausurgebäude, dem sogenannten „Stein", erhalten. Sehenswert ist die ehemalige Klosterkirche Sankt Maria, deren romanische und gotische Bauelemente eine harmonische Einheit bilden.

Bad Iburg, Krs. Osnabrück

Hoch über Bad Iburg erhebt sich an strategisch wichtiger Stelle die Iburg. Auf dem Bergplateau befanden sich schon im frühen Mittelalter ein Bischofssitz und ein Benediktiner-Kloster, deren Gebäude – bedingt durch die Topographie und die Enge – stark ineinander verschachtelt sind. Das führte immer wieder zu Schwierigkeiten zwischen den Fürstbischöfen und dem Konvent. 1803 wurden Bischofssitz und Kloster säkularisiert. Die Gebäude der Iburg sind

im Laufe der Jahrhunderte durch Kriegseinwirkungen, Brand oder natürlichen Verfall stark zerstört und immer wieder auf- und umgebaut worden. Heute sind in den Gebäuden das Amtsgericht und eine Polizeischule untergebracht. Im Schlossbereich kann man einige repräsentative Räume, wie den Rittersaal und die fürstbischöfliche Apotheke besichtigen.
Das ehemalige Kloster liegt auf der Ost-Seite des Areals der Iburg. Die Klosterkirche Sankt Clement ragt mit ihrem Schiff nach Westen in den Schlossbezirk hinein. Süd- und Nord-Flügel der Klausur sind mit der Vierung der Kirche verbunden. Der Ost-Flügel der Klausur schließt den Klosterhof auf der flachen Hangseite ab. Somit ist hier der seltene Fall gegeben, dass ein Klosterquadrum auf einer Schmalseite der Kirche angeordnet ist. Eine grundlegende Erneuerung seiner Gebäude erfolgte Ende des 18. Jahrhunderts im barocken Stil. Der dreiflügelige Kreuzgang wird von den dreistöckigen Klostergebäuden überbaut. Seine leicht spitzbogigen Arkaden sind modern verglast.

Barsinghausen, Krs. Hannover

In Barsinghausen wurde 1193 ein Augustiner-Doppelkloster gegründet. Den beiden Konventen, getrennt nach Nonnen und Mönchen, stand ein gemeinsamer Propst vor. Anfang des 13. Jahrhunderts lebten jedoch in dem recht wohlhabenden Kloster nur noch Chorfrauen, auch Kanonissen genannt. Im Zuge der Reformation wurde 1543 der Konvent in ein Damenstift umgewandelt. Seit 1996 wohnen dort auch Schwestern der Evangelischen Kommunität Kloster Barsinghausen; sie sind diakonisch tätig.
Die Klausur liegt südlich der Kirche, die nur noch aus der Vierung und einem Joch des Schiffes besteht. Die Klostergebäude umschließen hufeisenförmig den Klosterhof, der nach Osten von

einer Mauer begrenzt wird. Der dreiflügelige Kreuzgang wurde Anfang des 18. Jahrhunderts mit einem Fachwerkgeschoss überbaut. Durch die Lage der Kirche ist der Nord-Flügel des Kreuzgangs verhältnismäßig kurz (etwa 13 m). Alle Flügel haben eine flache, auf Querbalken ruhende Holzdecke. Die in großem Abstand angeordneten, rundbogigen Arkaden sind nur im Innern noch erkennbar. Sie sind vermauert und mit je zwei verglasten Rechteckfenstern zum Klosterhof hin durchbrochen.

Bersenbrück, Krs. Osnabrück

Das 1231 gestiftete Zisterzienserinnen-Kloster zu Bersenbrück ist südlich der Kirche Sankt Vincentius gelegen. Süd- und West-Flügel der Klausur wurden Ende des 18. Jahrhunderts im historischen Stil neu errichtet. Von deren vorheriger Bausubstanz ist nichts mehr zu erkennen. Dagegen verschafft noch der sandsteinverblendete, frühgotische Ost-Flügel vom Ende des 13. Jahrhunderts dem Besucher einen Eindruck von dem ursprünglichen Bild der Klostergebäude. In diesem Flügel sind im Erdgeschoss ein Teil des Kreuzgangs mit angrenzendem Remter und im Obergeschoss das Dormitorium erhalten. Die elf Joche des Kreuzgangs werden durch Kreuzgewölbe abgedeckt, die von kräftigen, auf spitz auslaufenden Konsolen ruhenden Gurten unterteilt werden. In die weit auseinanderstehenden, spitzbogigen Arkaden sind jeweils zweigeteilte, gotische Maßwerke eingesetzt. Im Obergeschoss erkennt man eine Reihe von kleinen, rechteckigen Fensteröffnungen, die zum Dormitorium gehören. Die steinernen Platten rechts neben den Fenstern dienten zum Abstellen des Nachtgeschirrs.

Börstel, Gem. Berge, Krs. Osnabrück

Mitte des 13. Jahrhunderts errichteten Zisterzienserinnen ihr Kloster in Börstel, fernab von anderen Siedlungen inmitten eines großen Waldgebietes. Noch heute verspürt der Besucher die Einsamkeit dieses idyllischen Ortes. Nördlich der einschiffigen, frühgotischen Hallenkirche schlossen sich die zweistöckigen Klausurgebäude an, von denen aber nur der West- und der Süd-Flügel erhalten sind.

Vom ehemals vierflügeligen Kreuzgang haben nur der Süd- und der Ost-Flügel überdauert. An Stelle des Nord-Flügels schließt heute eine Pergola den Kreuzhof ab, womit die ursprüngliche Geschlossenheit der Anlage wieder nachempfunden werden kann. Der etwa 28 m lange, an die Kirche angebaute Süd-Flügel wird von einem Pultdach abgedeckt. In ihm findet man noch Reste der ursprünglichen Wandmalerei. Er ist etwas breiter als der Ost-Flügel. Dieser hat eine Länge von etwa 34 m und ist in das östliche Klausurgebäude einbezogen. Die beiden erhaltenen Kreuzgangflügel sind zweistöckig. Sie wurden – wie auch die Kirche – in der für das Bistum Osnabrück untypischen Backsteinmauerung aufgeführt. Die rechteckigen Fenster im Obergeschoss sind vermauert. Im Erdgeschoss decken Kreuzrippengewölbe die zwei Flügel ab. Die hofseitigen, spitzbogigen Arkaden werden durch ein zweigeteiltes, schlichtes Maßwerk unterteilt, das 1980 nach Originalbefunden erneuert wurde. Die Arkaden sind in weitem Abstand zwischen Strebepfeilern angeordnet. Das heutige Niveau liegt etwas höher als das ursprüngliche, so dass sie von außen etwas gedrungen wirken und die Bank recht niedrig erscheint. Wegen des zur Kirche ansteigenden Geländes liegt der Süd-Flügel um drei Stufen höher als der Ost-Flügel.

Braunschweig (siehe auch Riddagshausen)

In Braunschweig gründeten schon Anfang des 12. Jahrhunderts Benediktiner und ein Jahrhundert später Franziskaner ihre Klöster, von denen noch heute Teile der ehemaligen Kreuzgänge zu finden sind.

Benediktiner-Kloster
Das damalige Kloster der Benediktiner liegt südlich der Kirche Sankt Aegidien. 1278 brannte die Klausur nieder. Nach dem Wiederaufbau und durch beträchtliche Umbauten infolge der wechselvollen Geschichte ist von der ursprünglichen Gestaltung nur wenig zu erkennen. Nur der Ost-Flügel des Kreuzgangs aus der

Mitte des 12. Jahrhunderts und Teile des Nord-Flügels haben überdauert. Der dem östlichen Klausurgebäude vorgelagerte Ost-Flügel ist eine Rekonstruktion auf der Grundlage einiger Relikte. Er war ursprünglich flach gedeckt und ist heute mit einem Pultdach versehen. Seine großen romanischen Fenster sind modern verglast. Der gotische Nord-Flügel stammt aus dem 15. Jahrhundert und dient heute als Sakristei. Seine sieben Joche haben unterschiedliche Längen und werden von Kreuzrippengewölben mit figürlichen Schlusssteinen abgedeckt. Die Anordnung der spitzbogigen Arkaden unter einem Pultdach wird durch zwei mächtige Strebepfeiler willkürlich unterbrochen, die anscheinend nachträglich zur Abstützung der Kirchen-Süd-Wand eingebracht wurden.

Franziskaner-Kloster
Die ehemalige Klausur der Franziskaner liegt südlich ihrer Klosterkirche Sankt Maria, Sankt Franziskus und Sankt Bernward, der heutigen sogenannten „Brüdernkirche". Der Konvent wurde 1528 aufgehoben und die Kirche der evangelischen St. Ulrici Gemeinde zugewiesen. Die ehemaligen Klostergebäude sind 1944 durch Kriegseinwirkungen stark zerstört und teilweise durch Neubauten ersetzt worden. Heute sind dort ein Predigerseminar, das Archiv der Landeskirche Braunschweig und das Stadtpropsteiamt untergebracht.
Drei Flügel des gotischen Kreuzgangs von 1420 sind erhalten. Der fehlende Nord-Flügel verlief früher durch das Seitenschiff der Kirche. Wie der einschiffige Ost-Flügel besitzt der West-Flügel sechs Joche, von denen vier zweischiffig gestaltet sind. Die acht Joche des einschiffigen Süd-Flügels sind etwas schmaler ausgeführt, wodurch sich eine Größe des Kreuzgang von etwa 32 m in Ost-West-Richtung und 20 m in Nord-Süd-Richtung ergibt. Alle drei Flügel wurden mit zweistöckigen Gebäuden überbaut und werden von Kreuzrip-

pengewölben abgedeckt. In den hohen, spitzbogigen Arkaden sind heute verglaste Fenster eingebaut, die ein dreigliedriges gotisches Maßwerk andeuten.

Bursfelde, Stadt Hann. Münden, Krs. Göttingen

Benediktiner, die von dem weserabwärts gelegenen berühmten Kloster Corvey kamen, bezogen Ende des 11. Jahrhunderts am Ostufer der oberen Weser ihr Kloster Sankt Thomas und Sankt Nikolaus zu Bursfelde. Der Konvent wurde um die Mitte des 15. Jahrhunderts zum Zentrum der Bursfelder Kongregation, einer benediktinischen Erneuerungsbewegung. Das Quadrum fiel 1574 einem Brand zum Opfer, wurde aber einigermaßen wieder hergestellt. Mit der Reformation erlosch dann das monastische Leben; die Besitzungen fielen 1672 der Klosterkammer Hannover zu, einer Stiftung zur Wahrung kirchlicher Besitzungen. Im 18. Jahrhundert sind mit der Einrichtung einer Domäne die südlich der Kirche gelegenen ehemaligen Klostergebäude abgerissen oder stark verändert worden. Heute beherbergt der umgestaltete West-Flügel, der vorher als Pächterhaus genutzt wurde, das Tagungszentrum Kloster Bursfelde, das sich die Pflege der ökumenischen Beziehungen zur Aufgabe gemacht hat.

Im Rahmen der Umgestaltung des Klosters zur Domäne wurden auch der Süd- und der Ost-Flügel des ehemals dreiflügeligen Kreuzgangs abgetragen und das Baumaterial an anderer Stelle wieder verwendet. Lediglich sein West-Flügel blieb erhalten, ist jedoch durch das damals als Pächterhaus genutzte Gebäude überbaut worden, das seitdem – sehr auffällig – die Süd-West-Ecke der Kirche umschließt. Von dem romanischen Kreuzgang-West-Flügel sind nur noch Spuren der vermauerten Rundbögen an der Ost-Seite dieses Gebäudes zu erkennen. Es wurden dort Rechteckfenster eingesetzt, zwischen denen starke Strebepfeiler den Bau abstützen.

Clus, Stadt Bad Gandersheim, Krs. Northeim

In das am Anfang des 12. Jahrhunderts gestiftete Kloster Sankt Maria und Sankt Georg zu Clus zogen zunächst Benediktiner des Klosters Corvey ein. Der Name des Ortes erinnert an die Klause eines Einsiedlers, der schon vorher dort neben einer heute noch sprudelnden Quelle lebte. Schon einige Jahre nach der Gründung wurden die recht bescheidenen Gebäude von Cluniazensern übernommen. 1596 erfolgte die Aufhebung des Konvents. Nördlich der kleinen romanischen Kirche liegt das ehemalige Klosterquadrum, das heute dem Pächter des großen Gutes als Wohnung dient. Aus diesem Grund ist eine Besichtigung nicht möglich
Der dreiflügelige gotische Kreuzgang aus dem 15. Jahrhundert ist von den zweistöckigen Gebäuden der Klausur überbaut. An der Kirche war kein Kreuzgangflügel vorgesehen. Die drei anderen Flügel sind stark verändert und haben das ungefähre Maß von 23 m mal 23 m. So entstand ein sehr kleiner, fast quadratischer Klosterhof, zu dem sich der Kreuzgang durch leicht spitzbogige Arkaden öffnet, die heute – eine gotische Vergitterung imitierend – verglast sind. In der Nord-Ost-Ecke befindet sich die Rekonstruktion eines Brunnenhauses mit einem Fachwerkobergeschoss.

Derneburg, Gem. Holle, Krs. Hildesheim

Bei mehreren Besuchen des um das Schloss Derneburg gelegenen Landschaftsparkes ahnte ich nicht, dass im Schloss Teile eines mir unbekannten Kreuzganges verbaut sind. Anfang 2007 glaubte ich, endlich die Beschreibungen aller Kreuzgänge für dieses Buch abgeschlossen zu haben, als mir ein Artikel aus einer lokalen Sonntagszeitung zugeschickt wurde. Darin wird über die unsachgemä-

ßen Sanierungsarbeiten im Kreuzgang des Schlosses berichtet. Durch die Suche in der einschlägigen Literatur nach Kreuzgängen kannte ich zwar das Schloss; die integrierten beiden Kreuzgangflügel waren darin jedoch nicht erwähnt.
Das Kloster Derneburg wurde 1213 gegründet und den Augustinerinnen aus dem nahen Holle übergeben. Es schließt sich eine wechselvolle Geschichte an. Nach Reichtum folgten Misswirtschaft, Dekadenz der klösterlichen Sitten, Einzug anderer Ordensgemeinschaften, kriegerische Überfälle, Verfall der Gebäude, Wiederaufbau im 18. Jahrhundert, bis das Kloster im Jahre 1803 säkularisiert wurde. Zwölf Jahre später ging der gesamte ehemalige Klosterbesitz an die Grafen zu Münster über, die in den Folgejahren unter Einbeziehung von Teilen der Klosterkirche und der Klausurgebäude eine dreiflügelige Schlossanlage im Stil der englischen Neugotik errichteten. Nach dem letzten Krieg wechselten die Besitzer mehrfach, bis ein Amerikaner Ende 2006 das Schloss kaufte und die oben erwähnten Arbeiten veranlasste.
Von dem ehemals vierflügeligen Kreuzgang sind noch zwei Flügel erhalten, die in dem Schlossgebäude integriert sind. Sie werden von schlichten Kreuzgratgewölben überdeckt, die auf Wandpfeilern mit einfachen Kapitellen aufliegen. Eine Bodenplatte zeigt die Jahreszahl 1763; sie soll auf das Baujahr hinweisen.
Eine Besichtigung des Schlosses mit den Kreuzgangresten ist nicht möglich. Jedoch lohnt eine Wanderung durch den in der ersten Hälfte des 19. Jahrhunderts angelegten Landschaftspark mit dem „Podiumstempel", dem „Mausoleum" und einer historischen Wassermühle (16. Jahrhundert).

Dorstadt, Krs. Wolfenbüttel

Das Augustiner-Chorfrauenstift Zum Heiligen Kreuz in Dorstadt wurde bereits Ende des 12. Jahrhunderts gegründet, brannte im Mittelalter mehrfach ab, ist jedoch immer wieder aufgebaut worden. 1810 wurde der Konvent aufgehoben und das Gelände später als Gutshof genutzt. Ein Brand zerstörte die Kirche im Jahr 1919 bis auf die Umfassungsmauern. Die Klostergebäude aus dem 18. Jahrhundert liegen nördlich dieser Ruine. Bis auf die im Stil eines adeligen Herrenhauses gestaltete „Propstei" sind sie sehr schlicht gehalten und werden heute zu Wohnzwecken und als Geschäftsräume genutzt. Der vierflügelige Kreuzgang machte zur Zeit meines Besuches (1995) zum Teil einen verwahrlosten Eindruck. Der Ost- und der Süd-Flügel sind in einstöckige, der West- und der Nord-Flügel in zweistöckige Gebäude integriert. Der Kreuzgang ist einheitlich kreuzgewölbt; die einzelnen Joche werden durch auf Konsolen aufliegende Grate unterteilt. Die im Innern noch erkennbaren Rundbogenarkaden sind heute nur durch einfache Rechteckfenster zum Hof hin geöffnet.

Ebstorf, Krs. Uelzen

In Ebstorf wurde Mitte des 12. Jahrhunderts ein Kloster gegründet, wahrscheinlich als Chorherrenstift der Prämonstratenser, das aber kurz darauf – nach einem Brand – mit Benediktinerinnen aus Walsrode belegt worden ist. Die Klausur liegt nördlich der Kirche Sankt Mauritius. Das reiche Kloster erlebte zu Ende des 15. Jahrhunderts als Wallfahrtsort einen enormen Aufschwung; die Reformation wirkte sich erst verhältnismäßig spät aus. Seitdem ist Ebstorf ein evangelisches Damenstift, dessen Gebäude aus dem 13. bis 15. Jahrhundert sich bis in unsere Zeit als vollständiges Ensemble erhalten haben. Die Besichtigung ist im Rahmen einer Führung möglich, die auch eine Nachbildung der berühmten Ebstorfer Weltkarte aus dem 13. Jahrhundert einschließt. Tragisch ist, dass das Original 1943 im Staatsarchiv Hannover verbrannte.
Alle Flügel des zweistöckigen Kreuzgangs aus dem 14. Jahrhundert sind erhalten. Im Obergeschoss befindet sich ein umlaufender Zellengang. Im Erdgeschoss sind – bis auf den Nord-

Flügel – die Decken als Kreuzrippengewölbe ausgestaltet, die auf Zierkonsolen mit unterschiedlichen, figürlichen Darstellungen ruhen und in aus Kalk geschnittenen, verzierten Schlusssteinen zusammenlaufen. Die Kappen sind zum Teil bemalt. Das barocke Tonnengewölbe im Nord-Flügel wurde nach Einsturz der ursprünglichen Decke eingebracht. Spitzbogige Arkaden, zumeist zwischen Strebepfeilern, öffnen den Kreuzgang zum Klosterhof. Im Süd- und West-Flügel wurden im Anfang des 15. Jahrhunderts wertvolle Glasfenster eingesetzt, die in einem einzigartigen Bilderzyklus Geschichten des Alten und Neuen Testaments darstellen. Im Kreuzgang wird heute eine Sammlung schwerer mittelalterlicher Eichenmöbel gezeigt. Die Truhen und Schränke gehörten einst zur Aussteuer der in das Kloster oder Stift einziehenden Bewohnerinnen. Der Kreuzhof diente nach der Reformation als Begräbnisstätte für Angehörige des Stiftes.

Von dem ersten Kreuzgang aus dem 13. Jahrhundert findet man noch zwei spitzbogige Arkaden im heutigen West-Flügel. Diese liegen in einem wesentlich tieferen Niveau, so dass sie jetzt im Fußboden absinken. Wahrscheinlich wurden die späteren Gebäude nach Überschwemmungen des nahe am Kloster vorbeifließenden Flüsschens Schwienau auf einem aufgeschütteten Gelände errichtet.

Fischbeck, Stadt Hessisch-Oldendorf, Krs. Hameln-Pyrmont

Schon im Jahr 955 wurde in Fischbeck ein Damenstift gegründet, in dem Mitte des 13. Jahrhunderts die Augustinerregel eingeführt wurde. Nach Annahme des lutherischen Bekenntnisses durch die Kanonissen erfolgte 1566 die Umwandlung in

Niedersachsen

ein adliges Damenstift, das noch heute besteht. Die Stiftsgebäude auf der Süd-Seite der Kirche sind im Mittelalter nach mehrfachen Bränden immer wieder erneuert und dabei umgebaut worden.

Der dreiflügelige zweistöckige Kreuzgang wurde Ende des 13. Jahrhunderts errichtet unter Verwendung von Teilen eines abgebrannten Vorgängerbaus. Die umlaufenden Korridore im Obergeschoss haben im überbauten Ost-Flügel runde, im an die Kirche angelehnten Nord-Flügel verglaste rechteckige und im West-Flügel offene rechteckige Fenster. Die hölzerne Flachdecke im Erdgeschoss liegt auf schweren Querbalken. In den zwischen Strebepfeilern angeordneten Rundbogenarkaden sind zweigeteilte gotische Maßwerke eingefügt, bei denen vielfach Säulchen aus dem späten 12. Jahrhundert wieder verwendet wurden. Das mit Sandsteinplatten belegte verlängerte Dach des südlichen Kirchenschiffes deckt auch den Nord-Flügel des Kreuzgangs mit ab. Das Fischbecker Stift bietet dem Besucher im Rahmen einer Führung ein besonders schönes Beispiel eines Kreuzgangs, der – trotz Verwendung einiger gotischer Elemente – seine romanische Gestalt bis in unsere Tage erhalten hat.

Niedersachsen

Frenswegen, Stadt Nordhorn, Krs. Grafschaft Bentheim

Von dem Ende des 14. Jahrhunderts gestifteten Augustiner-Chorherrenkloster Sankt Marienwolde, später Frenswegen, sind nur noch wenige Gebäudeteile in ihrer ursprünglichen Form erhalten. Die einstmals bis weit über die holländische Grenze einflussreiche Kongregation hatte eine wechselvolle Geschichte. Nachdem der letzte Chorherr 1815 das Kloster verließ, standen die Gebäude immer wieder leer oder wurden anderweitig genutzt. Die spätgotische einschiffige Hallenkirche Sankt Petrus aus der Mitte des 15. Jahrhunderts brannte 1881 vollständig aus; nur ihre mächtige Süd-Wand blieb stehen. Erst mit Gründung der Stiftung Begegnungsstätte Kloster Frenswegen in den Jahren 1973/74 konnte eine Restaurierung der ehemaligen Klostergebäude geplant und durchgeführt werden. Eingriffe in die historische Bausubstanz, die für das Nutzungskonzept erforderlich waren, wurden maßvoll gestaltet. Die Begegnungsstätte versteht sich als ein Zentrum der christlichen Ökumene.

Südlich einer modernen Kirche, in die die Ruine der ehemaligen Klosterkirche einbezogen ist, erstreckt sich das zweigeschossige Klostergeviert, das in dieser Form im 17. Jahrhundert entstand. Es bildet mit dem vierflügeligen, damals in die Gebäude integrierten, zweistöckigen Kreuzgang einen fast quadratischen Hof von etwa 30 m mal 30 m Länge. Der Süd-Flügel des Kreuzgangs ist das älteste erhaltene Gebäudeteil und stammt wahrscheinlich aus dem 14. Jahrhundert. Seine Fenster im Obergeschoss sind in der Regel schmal rechteckig. Die in quaderförmigen Steinen aufgeführte Front wird durch zwei eigentümliche Giebelansätze unterbrochen. Spitzbogige Arkaden im Erdgeschoss, die mit dreiteiligen gotischen Maßwerken unterteilt und verglast sind, öffnen zum Kreuzhof. Die drei anderen, einheitlich gestalteten Kreuzgangflügel aus dem 17. Jahrhundert sind mit Backsteinen gemauert. Ihre quadratischen Fenster im Obergeschoss werden durch sogenannte „Kreuzpfosten" unterteilt. Die hohen, spitzbogigen Arkaden im Untergeschoss haben einfache zweigeteilte Maßwerke und sind ebenfalls verglast.

Goslar (siehe auch Grauhof und Riechenberg)

In Goslar, der Stadt, in der noch so viele mittelalterliche Baudenkmäler zu finden sind, haben sich nur Teile von drei Kreuzgängen erhalten. Einer davon liegt in der Innenstadt und zwei in den eingemeindeten Orten Grauhof und Riechenberg.
Kaiser Konrad II. gründete 1025 vor den Mauern Goslars das Chorherrenstift Sankt Georg, das etwa hundert Jahre später nach der Augustinerregel reformiert wurde. Anfang des 12. Jahrhunderts erfolgte die Weihe der Kirche, die im Zentrum einen Oktogonbau – ähnlich der Aachener Pfalzkapelle – einschloss. Ein oktogonaler (achteckiger) Zentralbau repräsentierte im Mittelalter die kaiserliche Macht. Im Jahre 1527 zerstörten die Bürger der Freien Reichsstadt Goslar während einer Fehde mit dem Herzog von Braunschweig die Klostergebäude einschließlich der mächtigen Kirche, weil diese ihrer strategischen Lage wegen die Stadt gefährdeten. Die Chorherren siedelten um auf ihren etwa 3 km nordöstlich gelegenen Wirtschaftshof Grauhof.
Auf dem ehemaligen Klostergelände, das im heutigen Stadtteil Georgenberg liegt, wurden von 1875 bis 1884 und von 1963 bis 1964 umfangreiche Grabungen durchgeführt. Die Grundmauern, insbesondere der Kirche, sind als ein Anschauungsobjekt gesichert, das in einem parkähnlichen Gelände zu finden ist. Die Klausurgebäude mit einem vierflügeligen Kreuzgang lagen nördlich der Kirche. Die Fundamente vom Süd-Flügel des Kreuzgangs und von den Ansätzen des West- und des Ost-Flügels sind auf dem Ruinengelände gut zu identifizieren.

Grauhof Stadt Goslar

Das ehemalige Chorherrenstift Sankt Maria und Sankt Georg liegt außerhalb der Stadt Goslar, einsam neben dem ehemaligen Wirtschaftshof der Augustiner-Chorherren in Grauhof. Nach der 1527 erfolgten Zerstörung ihres nahe der Altstadt gelegenen Klosters (siehe unter Goslar) siedelten sie nach hier um. Ende des 17. Jahrhunderts wurden die damaligen Klostergebäude abgerissen und von 1701 bis 1711 ein barocker Neubau errichtet, dem anschließend nördlich davon der Bau einer neuen Klosterkirche in gleichem Stil folgte. Das Stift wurde 1803 aufgehoben. Kurz darauf brach der West-Flügel der Klausur ein. Er wurde abgetragen. In den renovierten Gebäuden ist seit 1983 eine Familienerholungsstätte der Caritas untergebracht. Die Kirche dient den nahen Gemeinden als katholische Pfarrkirche. Ihre Barockorgel zählt zu den schönsten und größten Norddeutschlands.

Die barocken Klostergebäude überbauen den zweistöckigen Kreuzgang, einen jeweils ringsum führenden Gang mit den Maßen 43 m mal 43 m. Die flachen Kreuzgewölbe im Erdgeschoss mit jeweils 9 Jochen ruhen auf einfachen Konsolen. Die Schlusssteine sind ebenfalls schlicht gehalten. Einige kleine Stukkaturen schmücken die Decken. Rechteckige hohe Fenster sind zum Hof hin angeordnet, der nach Abriss des vierten Flügels der Klausur nach Westen geöffnet ist.

Haus Escherde, Gem. Betheln, Krs. Hildesheim

Die Mehrzahl der Gebäude in dem kleinen Ort Haus Escherde bilden heute eine von einer Bruchsteinmauer eingeschlossene Domäne; ihre ursprüngliche Funktion war jedoch eine ganz andere. Sie gehörten zu dem Anfang des 13. Jahrhunderts dort angesiedelten Benediktinernonnen-Kloster, das bis 1810 bestand. Die jetzt noch erhaltenen ehemaligen Klausurgebäude stammen aus einer von Ende des 17. bis Anfang des 18. Jahrhunderts dauernden Neubauphase und wurden zusammen mit den beiden im Norden und Süden gelegenen Wirtschaftshöfen des Klosters zur heutigen Domäne umgestaltet. Aus der Klosterkirche Sankt Maria, einem langgestreckten Bau mit sechsachsigem Schiff, ist eine Scheune geworden. Außergewöhnlich an der Kirche war der im Osten angeordnete Turm. Eine Besichtigung des Domänengeländes ist nicht gestattet.

Die Klausurgebäude überbauten einen zweistöckigen, vierflügeligen Kreuzgang und umschlossen so einen quadratischen Innenhof. Vom ehemaligen Kreuzgang ist nur der untere Teil des Nord-Flügels erhalten. Er lehnt sich nach Abtragung des Obergeschosses mit einem Pultdach an die Süd-Mauer der Kirche an. Die korbbogigen Kreuzgewölbe ruhen auf stukkierten Konsolen. Bei meinem Besuch (1996) musste das Gewölbe im West-Teil durch Querbalken abgestützt werden. Vom Ost-Flügel erkennt man noch Gewölbeansätze am bruchsteingemauerten damaligen Klausurbau.

Helmstedt

Im Westen der Altstadt Helmstedts liegt auf einem Hügel das ehemalige Augustinerchorfrauen-Stift Marienberg, das Ende des 12. Jahrhunderts gegründet wurde. Die imposante, im Ursprung romanische Klosterkirche ist eine flachgedeckte, kreuzförmige Pfeilerbasilika. Nördlich von ihr angeordnet ist die dreiflügelige Klausur, die seit 1569 ein evangelisches Damenstift und heute die ihm angegliederte bekannte Paramenten-Werkstatt der Von-Veltheim-Stiftung beim Kloster Sankt Marienberg beherbergt.

Der vierflügelige romanische Kreuzgang wird im Norden und Osten von zweistöckigen Klostergebäuden überbaut. Er hat die Maße 32 m mal 32 m. Sein Süd- und sein West-Flügel lehnen sich mit Pultdächern an die Kirche und den West-Flügel der Klausur an. Der West-Flügel des Kreuzgangs wurde um 1200 erbaut, die drei anderen Flügel nur wenig später. Alle Flügel haben Flachdecken auf Querbalken. Die Arkaden sind einheitlich durch von Säulen getragene Doppelöffnungen mit dreipassförmigen Bogen gegliedert und heute verglast. Im Detail weisen sie eine große Formenvielfalt auf, die besonders bei den Kapitellen zu beobachten ist. Eine Vielzahl von Grabsteinen und Epitaphen werden im Kreuzgang aufbewahrt. Der Kreuzhof diente auch als Grabstätte. Eine Besichtigung des ehemaligen Augustinerchorfrauen-Stiftes – einschließlich seiner bedeutenden Paramentensammlung – ist nur im Rahmen einer angemeldeten Führung möglich.

Hildesheim, (siehe auch Marienrode)

Vom Anfang des 11. Jahrhunderts an gründeten die Hildesheimer Bischöfe mehr als fünf Ordens- oder Stiftsgemeinschaften rings um den Dombezirk oder abseits der alten Stadt. Neben dem Domkreuzgang findet der Besucher in zwei der erhaltenen Klöster noch Teile von Kreuzgängen. Ein vollständiger Kreuzgang liegt in einem Außenbezirk.

Dom Sankt Maria

Von den Ursprüngen des Hildesheimer Domes Sankt Maria sollen noch Mauerreste aus dem Anfang des 9. Jahrhunderts unter der sogenannten Hohen Domkirche nachgewiesen sein, die 972 geweiht wurde. Die heutige Gestaltung erhielt der Dom insbesondere unter dem Pontifikat der Bischöfe Bernward (992–1022) und Godehard (1022–1038). Im März 1945 erlitt der Dom bei einem Bombenangriff überaus starke Zerstörungen, deren Beseitigung etwa 1960 beendet werden konnte. So bietet sich uns heute ein durch die Romanik geprägter, überaus eindrucksvoller Kirchenraum dar, der eine Vielzahl bedeutender Kunstschätze aus vielen Jahrhunderten birgt.

Der für das Domkapitel errichtete romanische Kreuzgang aus der Mitte des 12. Jahrhunderts liegt östlich des Domes. Diese seltene Lage ist meistens topographisch bedingt. In der Regel sind Kreuzgänge südlich oder nördlich eines Kirchenbaus angeordnet. Warum beim Hildesheimer Dom diese Lage gewählt wurde, konnte nicht ermittelt werden. Der zweistöckige Kreuzgang umschließt somit dessen Apsis, an der sich der sagenumwobene Hildesheimer Rosenstock emporrankt.

Der Kreuzgang wird durch einen Nord-, einen Ost- und einen Süd-Flügel gebildet. An den Süd-Flügel sind die Laurentius-Kapelle und die Antonius-Kapelle angebaut, die von einem mächtigen Satteldach überdeckt werden. Das Niveau des Kreuzhofes liegt über dem des Kreuzgangs. Das Untergeschoss öffnet sich durch große Rundbögen, die durch Strebepfeiler voneinander getrennt sind. Im Obergeschoss des Nord- und Süd-Flügels wurde jeder Bogen durch drei schmalere Rundbögen überbaut. Dort

wird der Niedersächsische Stützenwechsel (Pfeiler – zwei Säulen – Pfeiler) angewendet. Die Arkatur im Obergeschoss des schmaleren Ost-Flügels ruht auf leichten Pfeilern. Im Untergeschoss tragen zwischen zwei gotischen Strebepfeilern flache Wandvorlagen mit Viertelsäulchen vor den Pfeilern die Wölbung. Ringsum werden das Untergeschoss durch gurtlose Kreuzgratgewölbe und das Obergeschoss durch eine Balkendecke unterfangen.
Freistehend in der Mitte des Kreuhofes befinden sich die gotische Annen-Kapelle und ringsum Grabstätten von Domherren.

Benediktiner-Kloster Sankt Michael
Das ehemalige Benediktinerkloster befindet sich nordwestlich des Domes. Seine romanische Kirche Sankt Michael – heute evangelische Pfarrkirche – ist eines der bedeutendsten Bauwerke aus ottonischer Zeit. Besonders sehenswert ist die Bemalung der flachen Holzbalkendecke im Mittelschiff. In den einzelnen Feldern sind vor allem Szenen aus dem Alten Testament, Heiligenbilder und ähnliche Motive in überaus prächtigen Farben dargestellt.

Von der nördlich der Kirche gelegenen Klausur sind nur noch wenige Teile in stark veränderter Form erhalten. Darunter auch acht Joche des westlichen, frühgotischen Kreuzgangflügels, der wahrscheinlich um 1230 errichtet wurde. Der Zugang erfolgt außerhalb der Kirche von der Ost-Seite. Der Kreuzgangrest wurde überbaut und ist wegen starker Korrosionsschäden vor einiger Zeit mit einem Schutzdach überdeckt und grundlegend restauriert worden.

Die Arkadenfront zeigt mächtige Strebepfeiler, auf denen die spätere Überbauung aufgeführt wurde. Dazwischen liegen Blendarkaden unter spitzen Entlastungsbögen. Schlanke Säulen gliedern die Fenster. Sie sind zum Teil zu zweien nebeneinander gestellt. Darüber sind Platten mit verschieden geformten Öffnungen eingesetzt. Im Innern wird das Gewölbe von Wandvorlagen und Diensten mit fein geschnittenen Kapitellen und profilierten Gurt- und Diagonalrippen getragen.

Kanonikerstift Zum Heiligen Kreuz
Das ehemalige Kanonikerstift Zum Heiligen Kreuz gehört seit Mitte des 19. Jahrhunderts der Schwesterngemeinschaft der Ursulinen, die dort ein Gymnasium betreiben.

Die Gebäude brannten im März 1945 nach einem Bombenangriff völlig aus. Beim Wiederaufbau wurden die drei erhaltenen Kreuzgangflügel stark verändert. Sie liegen im Klausurbereich und sind deshalb nicht zu besichtigen.

Der romanische Kreuzgang stammt wahrscheinlich aus dem Ende des 12. Jahrhunderts. Er wurde schon im 14. und 15. Jahrhundert stark verändert. Heute fehlt der Nord-Flügel; Süd- und West-Flügel wurden modern überbaut. Der Ost-Flügel trägt ein Pultdach. Der Süd-Flügel wird von Kreuzrippengewölben, der breite West-Flügel von Sternrippengewölben und der Ost-Flügel von gurtlosen Kreuzgratgewölben überdeckt. Zum kleinen rechteckigen Hof öffnet sich der Kreuzgang durch breite, zum Teil durch Strebepfeiler abgestützte, flache Rundbögen, die ursprünglich durch Arkaden unterteilt waren. An den West-Flügel ist eine Brunnenkapelle mit gotischen Maßwerkfenstern angebaut.

Kloster Sankt Mauritius
Am Anfang des 11. Jahrhunderts baute Bischof Godehard im heutigen Ortsteil Moritzberg hoch über der mittelalterlichen Kernstadt eine Festungsanlage mit „monasterium", das 1028 Sankt Mauritius geweiht wurde. Dreißig Jahre später entstand daraus ein Benediktinerinnen-Kloster, das wenig später in ein Kollegiatsstift umgewandelt wurde.
Dessen vierflügeliger, einstöckiger Kreuzgang erstreckt sich mit 44 m mal 40 m südlich der Kirche. Sein Kern stammt aus dem 11. Jahrhundert. Umbauten folgten bis in das 16. Jahrhundert.

Nord- und West-Flügel öffnen sich zum Kreuzhof mit flachen Rundbögen, zwischen denen mehrere mächtige Strebepfeiler das Bauwerk abstützen. Die Öffnungen des Süd- und des Ost-Flügels sind spitzbogig ausgeführt. Die gurtlosen Kreuzgratgewölbe im Gang und die ziegelgedeckten Pultdächer geben dem kleinen Kreuzgang sein schlichtes Aussehen. Seinen Besuchern vermittelt er ein Gefühl für die Schönheit mittelalterlicher klerikaler Baukunst.

Isenhagen, Gem. Hankensbüttel, Krs. Gifhorn

In Isenhagen siedelten sich 1243 Zisterzienser an und gründeten das Kloster Sankt Maria, das kurz darauf abbrannte und in das – nach Wiederaufbau in der Nähe – Nonnen des gleichen Ordens einzogen. Im Jahre 1540 erfolgte die Umwandlung in das heute noch bestehende Damenstift, dessen Gebäude südlich der Kirche liegen. Eine Besichtigung ist nur im Rahmen einer Führung möglich.

Vom mittelalterlichen Kreuzgang sind nur Teile des Nord- und des Ost-Flügels erhalten, die in zweistöckige – teilweise erst im 18. Jahrhundert errichtete – Gebäude integriert sind. In diesen setzen sie sich als umlaufender Gang fort, so dass ein quadratischer Klosterhof entstand. Die beiden in der Mitte des 14. Jahrhunderts erbauten Flügelteile haben große, spitzbögige Arkadenöffnungen, die teilweise durch Strebepfeiler abgestützt und durch einfache, heute verglaste Backsteinmaßwerke dreigeteilt sind. Der Nord-Flügel ist mit einer Flachdecke überbaut, über die im Obergeschoss ein durchgehender Gang zu den einzelnen Zellen führt. Im Ost-Flügel wurde Anfang des 16. Jahrhunderts ein backsteingemauertes Kreuzgratgewölbe eingebaut, das auf einfachen Schmuckkonsolen mit figürlichen Darstellungen aufliegt.

Königslutter, Krs. Helmstedt

Im Jahre 1135 verfügte Kaiser Lothar III. von Süpplingenburg, ein etwa 100 Jahre zuvor gegründetes Kanonissen-Stift in ein Benediktiner-Kloster umzuwandeln und unverzüglich mit dem Bau der romanischen Abteikirche Sankt Peter und Paul zu beginnen. Die Kirche sollte als kaiserliche Grablege dienen und von oberitalienischen Bauhütten ausgeführt werden. Der Kaiser verstarb jedoch bereits 1139 und seine Witwe 1141. Beide wurden in dem damals noch unvollendeten Bau beigesetzt. Das Kloster ist südlich der Kirche angeordnet. Vom Kreuzgang sind nur der Nord- und der West-Flügel erhalten. Im doppelschiffigen romanischen Nord-Flügel erkennt der Besucher die künstlerische Qualität der norditalienischen Bauleute. Das gurtlose Kreuzgratgewölbe ruht auf reichhaltig dekorierten Säulen und überaus kunstfertigen Kapitellen großer Plastizität in unterschiedlicher Musterung. An der Außenwand sind die Auflager als Halbsäulen ausgebildet, die auf einer niedrigen, durchlaufenden Bank stehen und ebenfalls mit prächtigen Kapitellen ausgestattet sind. Das Kreuzgratgewölbe des einschiffigen West-Flügels wirkt

dagegen schlichter mit seinen auf einfachen Halbsäulen auflagernden schweren Gurtbogen. Die beiden erhaltenen Flügel öffnen sich zum Hof mit Rundbogen (Nord-Flügel) oder Parabelbogen (West-Flügel). In diese sind unterschiedlich geteilte Arkaturen eingestellt, deren Säulchen im Nord-Flügel wesentlich feiner gehalten sind.
Alle Joche des Nord-Flügels und die nördlichsten des West-Flügels werden durch schwere Strebepfeiler abgestützt und von einem Pultdach überdeckt. Der West-Flügel ist im südlichen Teil in ein Klostergebäude integriert, an das ein zweistöckiges Brunnenhaus zum Klosterhof hin angebaut ist. Der Kreuzgang ist während der Öffnungszeiten von der Kirche aus zu besichtigen.

Loccum, Stadt Rehberg-Loccum, Krs. Nienburg (Weser)

Das im Jahre 1163 gegründete, der Jungfrau Maria und dem Heiligen Georg geweihte Kloster Loccum bietet seinen Besuchern durch die gute Erhaltung und wegen geringer Veränderungen den Gesamteindruck eines mittelalterlichen Zisterzienser-Klosters. Bis heute haben immer ein Abt und ein Prior die Geschicke des Klosters bestimmt, obwohl es Ende des 16. Jahrhunderts evangelisch wurde. Die spätromanische Kirche, der Kreuzgang (außer dem West-Flügel) und mehrere daran anschließende Gebäude – alle aus dem 13. Jahrhundert oder früher – verkörpern auch heute noch die Schlichtheit des zisterziensischen Baustils. Anfang des 19. Jahrhunderts wurden im Kloster Loccum ein Priesterseminar und Mitte des 20. Jahrhunderts eine evangelische Akademie eingerichtet, wodurch außerhalb des inneren Klosterkomplexes neuere Gebäude entstanden. Durch Umnutzung konnten ursprünglich zum Kloster gehörende, mittelalterliche Bauten wie das Torhaus, die Walkmühle oder das Pilgerhaus bis in die Jetztzeit überdauern.

Der an die Kirche anlehnende, mit einem Pultdach gedeckte Nord-Flügel des Kreuzganges ist breiter als die anderen, weil er von den Mönchen zu Lesungen genutzt und deshalb auch als „Lesegang" bezeichnet wurde. Er wird von Kreuzrippengewölben überdeckt, die an der Außenmauer auf Dienstbündeln und innen auf Zierkonsolen ruhen. Zum Quadrum sind dreibahnige Maßwerkfenster zwischen mächtigen Strebepfeilern eingestellt. Der Süd-Flügel wird durch einen Gang überbaut, der Ost-Flügel durch einen einstöckigen Fachwerkbau. In beiden Flügeln liegen einfache Gurtgewölbe auf Blattkonsolen auf. Sie öffnen sich mit zweibahnigen Maßwerkfenstern zwischen mächtigen Strebepfeilern zum Hof. Der West-Flügel wurde Ende des 18. Jahrhunderts in Form eines schlichten Korridors erneuert.

Lüne, Stadt Lüneburg

In Lüne – damals ein einsames Waldstück, heute eine Vorstadt Lüneburgs – entstand vor der Mitte des 12. Jahrhunderts eine Einsiedelei. Nahebei siedelten sich 1172 mit Zustimmung des Bischofs und des Herzogs Heinrich der Löwe (um 1129–1195) einige geistliche Schwestern an. Diese klösterliche Niederlassung diente als Keimzelle für den im 13. Jahrhundert gegründeten Benediktiner-Nonnenkonvent Sankt Bartholomäus. Nach zwei verheerenden Bränden sind die ehemaligen Klostergebäude in der Nähe der Stadt im 14. und 15. Jahrhundert vornehmlich in Backsteinmauerung und als Fachwerkbauten neu errichtet worden. In späteren Jahrhunderten und mit den wachsenden Aufgaben des Konvents wurde das Kloster immer wieder erweitert. Nach der Reformation erfolgte 1771 die Umwandlung in ein evangelisches Damenstift, das bis heute besteht und dessen verwinkelte, gut erhaltene mittelalterliche Gebäude im Rahmen von Führungen den interessierten Besuchern gezeigt werden.

Der südlich der Klosterkirche gelegene Kreuzgang entstand zeitgleich mit dem Wiederaufbau des Klosters. Zuerst bestand er nur aus einem Nord-, einem schmaleren Süd- und einem West-Flügel. Die Ost-Seite schloss den Klosterhof durch einen zweistöckigen Bau ab, der wahrscheinlich vor Fertigstellung der übrigen Klostergebäude den Nonnen als Andachtsstätte, Versammlungsraum und Schlafsaal diente. Nach der Umwidmung entstand daraus ein breiter Kreuzgangflügel. Der an die Kirche angelehnte Nord-Flügel ist zweistöckig und mit einem Pultdach abgedeckt. Er wurde im 15. Jahrhundert durch Kreuzgewölbe mit birnstabförmigem Rippenprofil überbaut und öffnet zum Hof hin mit dreibahnig gegliederten, spitzbogigen Arkaden zwischen backsteingemauerten Strebepfeilern. Die Einwölbung der anderen drei Flügel erfolgte im frühen 16. Jahrhundert mit gedrückten Kreuzgewölben und Taustabrippen. Sie sind in die Klostergebäude integriert. Ihre Arkaden sind schlichter und nur zweibahnig gegliedert. Die gepflegte Gartenanlage im Hof diente auch als Begräbnisstätte der Stiftsdamen.

Lüneburg

In der durch Salzgewinnung und den Handel reich gewordenen Hansestadt Lüneburg siedelten sich schon im frühen Mittelalter mehrere klösterliche Gemeinschaften an. Doch nur vom nördlich der Klosterkirche Sankt Mariae gelegenen Kreuzgang des Franziskaner-Klosters hat ein spärlicher Rest die Jahrhunderte überdauert. Er stammt aus dem 16. Jahrhundert und wird heute von der Stadtbücherei als Magazinraum genutzt. Deshalb ist er auch nicht für die Öffentlichkeit zugänglich. Ebenfalls in das Gebäude der Stadtbücherei integriert sind der ehemalige Remter und das Refektorium des Klosters, die jetzt als Konferenzsaal dienen.

Malgarten, Stadt Bramsche, Krs. Osnabrück

Ungefähr 20 km nördlich von Osnabrück liegt das ehemalige Benediktinerinnen-Kloster Malgarten, das bereits Ende des 12. Jahrhunderts am Ort einer früheren Burg errichtet wurde. Es war südlich der Kirche Sankt Johannes angeordnet. Heute sind aber nur noch der in ein zweistöckiges Gebäude integrierte West-Flügel und ein Teil des Süd-Flügels erhalten. Sechs Arkaden des West-Flügels – eine davon ein Durchgang – haben breite Rundbögen ohne Vergitterung, die anderen sind entweder zugemauert mit kleinen Fensteröffnungen oder wurden später gotisiert. Die Kreuzgratgewölbe ruhen auf Gurtbögen mit kräftigen Kämpfern. Die zwei verbliebenen Joche des Süd-Flügels sind ebenfalls überbaut und lehnen sich an den niedrigen Kirchturm auf großem quadratischem Grundriss an. Der Turm ist exzentrisch in die südwestliche Ecke des Kirchengebäudes einbezogen und wird von einem hohen Zeltdach abgedeckt.

Die Klostergebäude und damit der Kreuzgang entwickelten sich wechselvoll. So wurden sie im Jahre 1820 Sitz der Justizverwaltung des Amtes Vörde. Im Kreuzgang richtete man Gefängniszellen ein. Später beherbergte der Klosterkomplex unter anderem ein Flüchtlingslager, ein Altersheim und ein Landschulheim. Heute ist er in Privatbesitz. Der West-Flügel des Kreuzganges ist aber von der Süd-Ost-Seite her zugänglich.

Marienrode, Stadt Hildesheim

Südwestlich von Hildesheim siedelten sich in einem weitläufigem Waldgebiet im 12. Jahrhundert zuerst Kleriker der Kongregation des Heiligen Augustinus an, denen bald darauf Augustiner-Chorfrauen nachfolgten. Wahrscheinlich entstand so ein – in damaliger Zeit durchaus übliches – Doppelkloster. Doch bereits Mitte des 13. Jahrhunderts verschwanden die Augustiner und die Klostergebäude wurden durch den Hildesheimer Bischof den Mönchen des Zisterzienserordens übergeben. Aus dieser Zeit stammt auch der Name Marienrode. Trotz vieler Überfälle und Anfechtungen konnte sich das Kloster bis zu seiner Aufhebung im Jahre 1806 behaupten. 180 Jahre lang wurden die Gebäude und der umfangreiche Landbesitz als Domäne genutzt, bis dort 1986 wieder monastisches Leben einkehrte. Schwestern des Benediktiner-Ordens zogen in die für die neuen Aufgaben umgestalteten Gebäude ein. Heute ist der Ort Marienrode der Stadt Hildesheim eingemeindet.

Der nördlich der Kirche gelegene Kreuzgang entstand in der heutigen Form während der vielfältigen Erweiterungen und Umbauten innerhalb und außerhalb der Klausur im 18. Jahrhundert. Er ist in den West-, den Nord- und Ost-Trakt der Klostergebäude einbezogen und besteht aus einem schlichten Gang mit gurtlosen Kreuzgratgewölben, die auf barock gestalteten Pilastern aufsetzen. An der Kirchenseite fehlt der Kreuzgang. Die kleinformatig verglasten Holzfenster zum Klosterhof schließen oben mit einem Rundbogen ab. In ähnlicher Form wurden die drei massiven Holztüren gestaltet, die in der Mitte jedes Flügels angeordnet sind und durch die man über sechs Stufen in den Hof gelangt. Der Kreuzgang befindet sich innerhalb der Klausur und kann deshalb nicht besichtigt werden.

Mariensee, Stadt Neustadt am Rübenberge, Krs. Hannover

Das Kloster Mariensee wurde Anfang des 13. Jahrhunderts gegründet und liegt nordwestlich von Neustadt am Rübenberge. Das ehemalige Zisterzienser-Nonnenkloster erlebte seine Blüte im Mittelalter. Im Zuge der Reformation erfolgte die Umwandlung in ein evangelisches Damenstift. Die im Dreißigjährigen Krieg stark zerstörten Gebäude wurden von 1726 bis 1729 durch eine streng gegliederte, zweistöckige Vierflügelanlage ersetzt. Dabei ist die Klosterkirche in die Nord-Ost-Ecke des Nord-Flügels einbezogen worden Die Wohnungen der Stiftsdamen sind durch einen flachgedeckten Flur im Erdgeschoss erschlossen, der wie ein Kreuzgang den Stiftshof umschließt. Die Hofseiten sind gleichmäßig in den beiden Stockwerken durch schlichte Rechteckfenster gegliedert.

Mariental, Krs. Helmstedt

Mitte des 13. Jahrhunderts errichteten Zisterzienser-Mönche, die vom Kloster Altenberg in der Nähe von Köln kamen, nur wenige Kilometer nordwestlich von Helmstedt in einem wasserreichen Tal am Westrand des Lappwaldes ihre neue Heimstatt. Die Klausur und die nördlich davon gelegene romanische Klosterkirche wurden von 1138 bis Ende des 12. Jahrhunderts erbaut. Im Rahmen der Reformation endete 1569 das zisterziensische Klosterleben in Mariental. Die Kirche wurde evangelische Pfarrkirche und in die Klausurgebäude zogen eine evangelische Schule und ein Lehrerseminar ein, das 1773 nach Helmstedt verlegt wurde. Ein landwirtschaftlicher Betrieb nutzt bis heute die Hofanlage. Im Ost- und im Süd-Flügel befinden sich jetzt Wohnungen.

Wahrscheinlich wegen der artfremden Nutzung des ehemaligen Klosterkomplexes wurde der um 1160 erbaute Kreuzgang leider 1835 abgerissen. Durch Konsolen und Gewölbeansätze – besonders an der Süd-Wand der Kirche und am Ost-Trakt der Klausur – ist die Form des früheren Kreuzgangs noch deutlich zu erkennen. Es ist anzunehmen, dass er eingewölbt und als eigenständiges Bauwerk von einem Pultdach abgedeckt war. Wenn auch der Kreuzgang selbst fehlt, so lohnt sich doch der Besuch von Mariental, da der Klosterkomplex. in seiner Grundform erhalten blieb und so dem Betrachter einen Eindruck der schlichten Bauweise der Zisterzienser vermittelt.

Marienwerder, Stadt Hannover

Im Nordwesten des heutigen Hannover siedelten sich Ende des 12. Jahrhunderts Augustiner-Chorherren auf einer von der Leine umflossenen Insel an und gründeten das Kloster Sankt Mariae in Werdere. Die Klausurgebäude errichteten die Konventualen südlich der Kirche und schlossen sie zu einem Geviert. Bereits im Jahr 1216 wurden die Chorherren von Augustinerinnen abgelöst. Seit 1620 bewohnen evangelische Stiftsdamen die ehemaligen Klostergebäude. Wegen eines verheerenden Brandes im Jahr 1688 und durch eine Vielzahl von Um- und Anbauten in der darauf folgenden Zeit, ist von der mittelalterlichen Bausubstanz nur noch wenig zu erkennen.
West- und Süd-Flügel des vierflügeligen, schlichten Kreuzgangs wurden direkt nach dem Brand in einstöckige Fachwerkbauten integriert. Der Nord-Flügel lehnt sich eng an die Kirche an und ist somit um die Vierung abgeknickt. Im östlichen Gebäudeflügel, dem „Äbtissinnen-Flügel", wird der

Kreuzgang nach Süden weitergeführt. In der Nord-Ost-Ecke ragt aus dem Geviert ein zusätzlicher Trakt als Nord-Flügel, dessen Wohnungen durch einen nördlich gelegenen Gang erschlossen werden. Zweiflügelige, fast quadratische, kleine Holzfenster beleuchten den flurartigen Kreuzgang.

Möllenbeck, Stadt Rinteln, Krs. Schaumburg

Um das schon Ende des 9. Jahrhunderts gegründete Kanonissenstift Sankt Petrus – seit dem 13. Jahrhundert Sankt Dionysius – entwickelte sich eine Siedlung, die bereits im 11. Jahrhundert einen städtischen Charakter aufwies. Die damalige Gemeinde erlebte im späten Mittelalter einen starken Niedergang, womit wohl auch die Umwandlung des Stiftes und nachfolgend der Einzug einer Kongregation von Augustiner-Chorherren zu begründen ist. Ab 1479 wurden die Kirche – außer dem Westwerk aus dem 10. Jahrhundert mit den beiden Treppentürmen – und die Klausurgebäude umgebaut oder neu errichtet. Um 1560/70 erfolgte eine Änderung in ein weltliches Kanoniker-Stift mit angegliedertem Gymnasium. Doch schon zu Ende des Dreißigjährigen Krieges wurden das Stift aufgelöst und die Gebäude von einer Domäne genutzt. Der landwirtschaftliche Betrieb endete erst in der zweiten Hälfte des 20. Jahrhunderts. Heute ist in den ehema-

ligen Stiftsgebäuden eine Jugendbegegnungsstätte der evangelischen Kirche untergebracht.
Die zweistöckigen Stiftsgebäude sind nördlich der Kirche gelegen und fast vollständig erhalten. Sie stellen damit ein seltenes Zeugnis der spätmittelalterlichen Klosterarchitektur dar. Der dreiflügelige Kreuzgang (ein Süd-Flügel fehlt) ist in die Gebäude integriert. Er ist von gurtlosen Kreuzgratgewölben überdeckt und öffnet sich zur Hofseite in spitzbogigen Arkaden mit einfachem Flamboyantmaßwerk.

Obernkirchen, Krs. Schaumburg

Bereits in karolingischer Zeit soll in Obernkirchen ein Kanonissenstift gegründet worden sein. Sicher ist, dass 1167 dort Augustiner-Chorfrauen einzogen. Nach der Reformation, die gegen den Willen der Ordensfrauen eingeführt wurde, erfolgte 1565 die Umwandlung in das heute noch bestehende evangelische Kanonissenstift Sankt Maria. Trotz vielfacher Um- und Anbauten – besonders im Anfang des 16. Jahrhunderts – entstand ein eindrucksvolles, in sich geschlossenes Ensemble. In einem Teil der Stiftsgebäude wurde 1901 eine Landfrauenschule eingerichtet. Heute ist dort eine evangelische Tagungsstätte untergebracht.
Der südlich der Kirche gelegene Kreuzgang bildet das Zentrum der Anlage. Er ist in seinem Kern vermutlich romanischen Ursprungs, aber insgesamt stark verändert Auch liegt er heute weit unter dem Niveau des Hofes. Reste des Nord- und des Ost-Flügels stammen aus dem Ende des 13. Jahrhunderts. Vom Nord-Flügel überdauerten nur zwei Arkaden mit Gurtgewölben. Die anderen drei Flügel haben Flachdecken und sind in die Stiftsgebäude integriert. Die Hofseite zeigt stark abgesunkene Rundbogen, die modern

verglast und im Süd-Flügel durch Viereckfenster ersetzt sind. Eine Besichtigung des Kreuzganges ist für unangemeldete Besucher nicht möglich.

Osnabrück

Historisch betrachtet ist Osnabrück – zusammen mit dem westfälischen Münster – durch den Westfälischen Frieden im Jahr 1648 bekannt geworden. Keiner der vier in Osnabrück noch zu findenden Kreuzgänge ist vollständig oder in der ursprünglichen Form erhalten.

Dom Sankt Peter
Die erste Kirche an dieser Stelle wurde 785 geweiht. Die Ostung des Domes wurde spätestens im 11. Jahrhundert geändert. Der ursprünglich romanische, vierseitige Kreuzgang stößt mit seinem noch vorhandenen Ost-Flügel spitzwinklig an das südliche Querschiff an. Auch der Süd-Flügel und der überkommene Teil des West-Flügels sind etwa gleich ausgerichtet. Sie dokumentieren

damit die Lage eines Klosters, das älter als der heutige Dom einzuordnen ist. Diese drei Flügel, die in der zweiten Hälfte des 13. Jahrhunderts errichtet wurden, wirken durch ihre schlichte Einheitlichkeit. Sie werden insbesondere von gurtlosen, auf kleinen Konsolen ruhenden Kreuzgewölben unter einem Pultdach überdeckt. Die Hofansicht zeigt dreiteilige Arkaden unter flachen Spitzbogen. Die Säulen ruhen auf einer mit Bruchsteinen gemauerten Bank. Dabei wurden im Ost-Flügel auch Kapitelle aus dem späten 9. und dem 11. Jahrhundert als Spolien wiederverwendet.

Dominikaner-Kloster
Das 1283 gegründete Dominikaner-Kloster wurde 1803 aufgehoben und anderen Verwendungen zugeführt, beispielsweise als Magazin oder als Kaserne. Heute befindet sich darin ein Teil der Stadtverwaltung Osnabrücks. Auch die umgestaltete Klosterkirche dient jetzt öffentlichen Aufgaben. Die nördlich der Kirche gelegenen dreistöckigen Klausurgebäude in Bruchsteinmauerung stammen aus der ersten Hälfte des 18. Jahrhunderts und schließen mit ihrem West-, Nord- und Süd-Flügel einen rechteckigen Hof ein. Ein in die Gebäude integrierter, hofseitiger Gang mit hohen Rechteckfenstern, die bis zum Boden reichen, erschließt die Räume des Erdgeschosses. Ob in die Vorläuferbauten ebenfalls ein Kreuzgang einbezogen oder als eigenständiges Element an diese angebaut war, konnte nicht geklärt werden.

Sankt Gertrudis
Auf einem Hügel nördlich von Osnabrück bauten Mitte des 12. Jahrhunderts Benediktiner-Nonnen ein Kloster, das auf den Namen Sankt Gertrudis geweiht wurde. Da es an einem strategisch wichtigen Punkt lag, war es in unsicheren Zeiten vielfältigen Ge-

fahren und Zerstörungen ausgesetzt. Trotzdem hielt sich die Klostergemeinschaft bis zu ihrer Säkularisierung im Jahre 1803. Die Klosterkirche mit den nordwestlich gelegenen barocken Klausurgebäuden sind heute Teil des Niedersächsischen Landeskrankenhauses.
Vom Kreuzgang sind drei Joche des Nord-Flügels und der in einem zweistöckigen Gebäudetrakt integrierte und stark veränderte West-Flügel erhalten. Die hofseitigen Öffnungen in Rundbogen sind wahrscheinlich auf den Kreuzgang aus dem 12. Jahrhundert zurückzuführen.

Sankt Johannis
Die Errichtung eines Kollegiatstiftes mit Lateinschule Anfang des 11. Jahrhunderts und dessen Ausbau waren Anlass zur Gründung der Osnabrücker Neustadt, die sich 1306 mit der Altstadt vereinigte. Die Stiftsgebäude lagen nördlich der Kirche Sankt Johannis. Der vierflügelige Kreuzgang stammt vom Anfang des 14. Jahrhunderts. Er hat eine langgestreckte Rechteckform und Abmessungen von etwa 53 m in Ost-West- und 22 m in Nord-Süd-Richtung. Heute stehen der West- und der Nord-Flügel frei und sind mit einem Satteldach abgedeckt. Der Ost-Flügel lehnt sich mit einem Pultdach an ein ehemaliges Kollegiatsgebäude an. In gleicher Weise sind die noch erhaltenen drei Joche des Süd-Flügels an die Kirche angebaut. Alle Flügel sind kreuzgratgewölbt und öffnen sich zum Hof mit dreifach gegliedertem gotischem Maßwerk unter Spitzbogen, die zwischen schweren Strebepfeilern liegen.

Riddagshausen, Stadt Braunschweig

In Riddagshausen – im Westen der heutigen Stadt Braunschweig gelegen – gründeten 1145 Zisterzienser ein Kloster, von dem aber nur noch die mehrfach umgebaute Kirche Sankt Maria aus dem

Anfang des 13. Jahrhunderts erhalten ist. Nach dem Dreißigjährigen Krieg wurde das Kloster aufgelöst und in eine Domäne umgewandelt. In der ehemaligen Klausur etablierte sich ein Priesterseminar, das bis 1809 bestand. Die restlichen Klostergebäude sind Mitte des 19. Jahrhunderts abgerissen worden.
Von einem ehemaligen Kreuzgang sind noch Gewölbeansätze und Konsolen an der Süd-Wand der Kirche und an ihrem südlichen Querhaus zu erkennen. Auch eine Pforte mit einem Zackenbogen ist erhalten, die vom Kreuzgang in die Kirche führte.

Riechenberg, Stadt Goslar

Auf einem Hügel – nur 4 km nordwestlich des Zentrums von Goslar entfernt – liegt das Kloster Riechenberg. Hier gründeten 1117 Benediktiner eine Kongregation, die aber schon 20 Jahre später in ein Augustiner-Chorherrenstift umgewandelt wurde. Im 17. und 18. Jahrhundert ist die Anlage in barockem Stil ausgebaut worden. Die Aufhebung erfolgte im Jahre 1803. Bei der Inbesitznahme durch einen französischen General und seine Truppen zwischen 1807 und 1813 erlitten die Gebäude und ihre Einrichtungen starke Zerstörungen. Die Klosterkirche Sankt Maria wurde Anfang des 19. Jahrhunderts nach einem Brand als Steinbruch verwendet und stellt sich dem Beschauer nur noch als Ruine dar. Das gesamte mittelalterliche Kloster ist noch heute von einer etwa 1 km langen Bruchsteinmauer umgeben, die neben den ehemaligen Stiftsgebäuden auch noch eine Domäne einschließt. Die landwirtschaftliche Nutzung trug zum Erhalt älterer Bauteile bei, führte aber auch zu vielfachen Veränderungen; so dient ein Gebäude dem Pächter als Wohnhaus. Ende des 20. Jahrhunderts erfolgte eine umfassende Restaurierung der gesamten Anlage und eine Trennung vom Gutsbetrieb. Im Jahr 1989 zog die evangelische Gethsemane-Bruderschaft in die hergerichteten Gebäude ein und füllt diese jetzt wieder mit christlichem Leben.

Von dem vierflügeligen Kreuzgang aus der ersten Hälfte des 12. Jahrhunderts sind nur noch sehr spärliche Reste an älteren Gebäudeteilen zu erkennen. Er lag nördlich der Kirche und war wohl zweistöckig. Direkt neben den ursprünglichen Grundmauern des Ost-Flügels wurde ein moderner Verbindungsgang errichtet, der als einstöckiger Bau unter einem Pultdach der alten Situation nachempfunden ist. Die Lage der anderen Flügel wird durch eine entsprechende Bepflanzung auf der Fläche des ehemaligen Klosterquadrums markiert.

In den Sommermonaten kann die Krypta unter der Kirchenapsis im Rahmen einer Führung besichtigt werden. Auch wenn die anderen Teile des ehemaligen Klosters dabei nicht zugänglich sind, lohnt sich der Besuch der Krypta, dieses eindrucksvollen Kleinodes romanischer Bau- und Steinmetzkunst.

Salzgitter, OT Steterburg

In dem heute zu Salzgitter gehörenden Steterburg ist schon 1007 ein Kanonissenstift von dem damaligen Bischof bestätigt worden, das im 12. Jahrhundert in ein Augustiner-Chorfrauenstift umgewandelt wurde. Von dem sogenannten „Alten Kloster" ist nur ein zweigeschossiger Bau aus dem 15. Jahrhundert erhalten, der nordöstlich an die Kirche anschloss und zum Ende des 18. Jahrhunderts grundlegend umgestaltet wurde. Nach der Reformation diente das „Alte Kloster" als evangelisches Jungfrauenstift und von 1691 bis 1938 als adeliges Damenstift. Für diese geänderte Nutzung sind

1691/1692 drei neue zweistöckige Gebäude – zum Teil in Fachwerk – errichtet worden: im Süden das Haus für die Äbtissin, im Osten und Westen Wohnungen für die Stiftsdamen. Den neueren Teil der Stiftsgebäude verbindet rings um den Hof ein hölzerner Arkadengang mit weiten Korbbögen. Dieser verläuft auf einem halbstöckigen, bruchsteingemauerten Sockel mit kleineren, ähnlich gestalteten Bogenöffnungen, die zum Teil durch quadratische Fenster ersetzt sind. Ob dieser Unterbau mit dem ehemaligen Kreuzgang in Verbindung gebracht werden kann, ist nicht geklärt worden.

Scharnebeck, Krs. Lüneburg

Das 1243 in Steinbeck bei Bispingen gegründete Zisterzienser-Kloster wurde zehn Jahre später nach Scharnebeck verlegt und im Zuge der Reformation 1531 aufgelöst. Die südlich der ehemaligen Klosterkirche Sankt Marien – heute evangelische Pfarrkirche – gelegene Klausur ist 1667 zum größten Teil abgebrochen und umgebaut worden. Deren West-Flügel diente später als Pferdestall einer Domäne. An der backsteingemauerten Ost-Wand dieses Fachwerkbaus erkennt man noch spitzbogige Arkadenreste des ehemaligen Kreuzgangs aus dem 14. Jahrhundert.

Schinna, Gem. Stolzenau, Krs. Nienburg (Weser)

Im Jahre 1148 wurde die Gründung des Benediktiner-Klosters Sankt Vitus in der Gemarkung des heutigen Ortes Schinna bestätigt. Nach der Reformation erfolgte die Umwandlung der Gebäude des aufgelösten Klosters, das strategisch günstig an der Weser lag, in das Vorwerk einer Befestigungsanlage. Dieses ist 1561 einem Söldnerführer verpfändet worden, der die Kirche und andere Bauteile abreißen ließ. Die Steine wurden zum Ausbau des Schlosses Stolzenau genutzt. Heute dienen die erhaltenen Teile als Wirtschaftsgebäude einer Domäne.

Von der ehemaligen Klausur, die südlich der Kirche lag, sind der West- und der Süd-Flügel – beide zweistöckig – erhalten. An den Hofseiten deuten die vermauerten Arkadenöffnungen auf den in die Gebäude integrierten Kreuzgang hin. So sind an seinem Süd-Flügel zweiteilige Maßwerke vom Ende des 13. Jahrhunderts zu erkennen, die von Spitzbogenblenden umschlossen sind. Der West-Flügel ist Anfang des 18. Jahrhunderts umgebaut worden. Jeweils unter einem Rundbogen als Abfangung liegt ein Sandsteinsturz, der durch zwei schmalere Rundbogenöffnungen unterteilt ist. Im Innern soll die Abtrennung des Kreuzgangs zu den angrenzenden Räumen erhalten sein. Ob er eingewölbt war, ist unklar.

Schöningen, Krs. Helmstedt

Die heutige evangelische Pfarrkirche Sankt Lorenz gehörte ursprünglich zu einem Kanonissenstift, das 983 von Calbe (Altmark) wegen eines Wendenaufstandes nach Schöningen verlegt und später in ein Augustiner-Chorherrenstift umgewandelt wurde. Heute sind von den ehemaligen Konventsgebäuden und dem zugehörigen Kreuzgang aus dem 15. Jahrhundert nur noch wenige Reste am nördlichen Querhaus der Kirche zu finden.

Verden (Aller)

König Ludwig der Deutsche bestimmte im Jahre 949 eine Kirche in Verden an der Aller zum Sitz des damaligen Bischofs Waldgar. Nach zwei Bränden wurde der Holzbau durch einen romanischen Steinbau ersetzt und 1028 als Dom Sankt Maria und Sankt Caecilia geweiht. Im Laufe der Jahrhunderte – auch in Folge artfremder Nutzung – erfolgten mehrere Erweiterungen und Umbauten. Sein heutiges Gesicht erhielt er im wesentlichen im 13. und 14. Jahrhundert. So überragt nun der Dom als mächtiger Kirchenbau mit seinen ursprünglichen Bauelementen aus der Romanik und der Gotik die Altstadt.
Dem Dom angegliedert war schon im 12. Jahrhundert ein nördlich gelegenes Kanonikerstift, dessen Gebäude sich um einen Hof mit Kreuzgang – wahrscheinlich ohne Süd-Flügel – gruppierten. Bis heute sind vom Kreuzgang nur noch sechs Joche des Ost-Flügels übrig geblieben. Er erhielt seine jetzige Form im Jahre 1268, als er nach einem Brand unter Verwendung romanischer Säulen aus dem 12. Jahrhundert in Backsteinmauerung wieder aufgebaut wurde. Der zugehörige Gebäudetrakt ist im Jahre 1579 in Fachwerkbauweise modernisiert worden. Das Niveau des Klosterhofes stieg in der Zwischenzeit so stark an, dass der Eindruck entsteht, der Kreuzgang mit seinen mächtigen Strebepfeilern würde durch das über ihm lastende Gebäude in den Boden gedrückt. Zwischen den Pfeilern überbaut jeweils ein Flachbogen das Maßwerk, dessen zwei oder drei Säulen mit ornamentierten Kapitellen und Medaillonbasen schmale Halbkreisbogen abstützen.

Walkenried, Krs. Osterode am Harz

Wahrscheinlich im Jahre 1129 gründeten in Walkenried Zisterzienser ein Kloster, das Ende des 13. Jahrhunderts eines der mächtigsten Norddeutschlands mit reichen Ländereien sowie dem Besitz von Metallerzgruben und Hüttenwerken im Harz war. Im späten Mittelalter begann der Niedergang des Klosters, das im Bauernkrieg starke Plünderungen und Zerstörungen hinnehmen musste. Die Kirche Sankt Maria wurde als Steinbruch genutzt und verfiel nach und nach zur Ruine. Heute sind nur noch die südliche Seitenschiffwand, Mauerteile der Apsis, des südlichen Querhauses und der westlichen Giebelfassade erhalten. Im Jahre 1546 unterwarfen sich die restlichen Mönche der Reformation, bis 1648 ihre evangelische Glaubensgemeinschaft aufgelöst wurde.

Eine romanische Klosteranlage ist durch Grabungen zum großen Teil nachgewiesen. Von einem nachfolgenden gotischen Gebäudekomplex, der in seinen Grundzügen in etwa die gleichen Ausdehnungen hatte, erkennt der Besucher die beachtliche Größe dieses mittelalterlichen Klosters.

Vollständig erhalten ist der vierflügelige Kreuzgang, der in Ost-West-Richtung etwa 36 m und in Nord-Süd-Richtung etwa 45 m misst und südlich der Kirche liegt. Er ist einheitlich gestaltet und wurde wohl im 14. Jahrhundert vollendet. In allen Flügeln lasten Kreuzgratgewölbe auf ornamentierten Konsolen. Das Gewölbe wird durch Schlusssteine mit figuralem Schmuck geschlossen. Große, zwischen Strebepfeilern angeordnete dreibahnige, – heute verglaste – Maßwerke auf einer verhältnismäßig hohen Bank beleuchten den Kreuzgang vom Hof her. Der Nord- und der Ost-Flügel sind zweistöckig mit kleinen Rundbogen- oder Rechteckfenstern im niedrigen Obergeschoss. Bemerkenswert ist der Nord-Flügel, der als Lesegang zweischiffig gestaltet ist. Die neun glatten Mittelsäulen sind aus einem Stück gefertigt; sie tragen das Gewölbe über zweigeteilte Laubkapitelle. Von der südlichen Kirchenmauer mit ihren Strebepfeilern wird der freistehende und mit einem Satteldach abgedeckte Nord-Flügel durch einen schmalen Gang getrennt. Um den Zugang zur Kirche zu überbrücken, wurde an die beiden östlichen Joche des Nord-Flügels ein drittes zweijochiges Schiff

hinzugefügt. An der Süd-Wand findet man noch zwei Ausgussnischen über dem Fußboden, die auf liturgische Fußwaschungen hinweisen. Der heute freistehende West-Flügel hat ebenfalls ein Satteldach. Der Ost- und der Süd-Flügel sind in die Klostergebäude integriert. An den Süd-Flügel ist ein zwei Joch breites Brunnenhaus angebaut.
Der West-Flügel des ehemaligen Klosters, in dem die Laienbrüder untergebracht waren, wurde 1739 abgerissen. Die noch bestehenden Gebäude werden heute zu kulturellen und kirchlichen Zwecken genutzt, was insbesondere im Süden zu vielfältigen baulichen Veränderungen führte. Eine Besichtigung des Klosterkomplexes ist nur im Rahmen der regelmäßig stattfindenden Führungen möglich.

Wienhausen, Krs. Celle

Im Jahre 1233 wurde eine Klostergründung durch Zisterzienserinnen in Wienhausen urkundlich bestätigt. Ob die Ordensfrauen bereits vorher – wie die Sage berichtet – im nahe gelegenen Nienhagen sesshaft waren und wegen der dortigen Mückenplage umzogen, kann nicht nachgewiesen werden. Die heute noch vorhandenen Klostergebäude stammen vornehmlich aus dem 14. Jahrhundert und sind frühe Beispiele der Backsteingotik in der Lüneburger Heide. Die Reformation führte im 16. Jahrhundert zur Umwandlung in ein evangelisches Damenstift, das heute noch besteht. Die Klausurgebäude sind nördlich der Kirche Sankt Marien um zwei große Innenhöfe angeordnet, die durch einen Mittelkreuzgang getrennt sind.
Alle Flügel des Kreuzgangs sind im wesentlichen zweistöckig. Der West-, der Nord- und der Ost-Flügel sind in die Klostergebäude integriert. Der Süd-Flügel lehnt sich an die Nord-Wand der Kirche an. Der West-, der Süd- und der Mittelflügel stammen aus dem 14., der Nord- und der Ost-Flügel aus dem 16. Jahrhundert. Der West-Flügel und der westliche Teil des Süd-Flügels sind in beiden Geschossen kreuzrippengewölbt und wirken durch die verhältnismäßig große Breite recht gedrungen. Nord-, Ost- und Mittelflügel haben flache Balkendecken. Im Obergeschoss des West-

Flügels wurden Fragmente von Wandmalereien freigelegt. Im westlichen Teil des Süd-Flügel-Obergeschosses findet man gut erhaltene Glasfenster aus dem 14. Jahrhundert.
Die Besichtigung des Klosters ist wegen seiner noch erhaltenen Ursprünglichkeit und der reichen Ausstattung lohnenswert, kann aber nur bei Führungen erfolgen; Fotografieren ist untersagt.

Wöltingerode, Stadt Vienenburg, Krs. Goslar

In Vienenburg wurde im Jahre 1174 durch den dortigen Grafen an seinem Stammsitz ein Benediktiner-Kloster gegründet, das aber schon 1188 in ein Zisterzienserinnen-Kloster umgewandelt worden ist. Nach der Reformation war es kurze Zeit protestantisches Frauenstift, bis dort von 1643 bis 1807 wieder ein Zisterzienser-Nonnen wirkten. Ein Brand zerstörte Ende des 17. Jahrhunderts die Klostergebäude, die bald darauf auf dem gemauerten Untergeschoss neu errichtet wurden, innerhalb des Klosterhofes als Fachwerkbau. Die zweistöckigen, ehemaligen Konventsgebäude liegen südlich der Kirche Sankt Maria. Innerhalb des Mauerbezirkes war nördlich das Klostergut angeordnet, das heute als Domäne mit angeschlossener Brennerei weiter betrieben wird. Die früheren Konventsgebäude sind ab dem 18. Jahrhundert unterschiedlich genutzt worden, zum Beispiel als Landratsamt und als landwirtschaftliche Frauenschule. Hierzu waren vielfältige Umbauten notwendig. Heute ist dort die Welfenakademie untergebracht, eine private Bildungsstätte.
Im Erdgeschoss der vierflügeligen Klausurgebäude läuft ein Kreuzgang um, dessen Grundstruktur aus dem Ende des 12. Jahrhunderts stammt. Seine weit auseinanderstehenden Bogenfenster sind heute verglast. Auch im Innern stellt sich der Kreuzgang mit seiner flachen Balkendecke schmucklos dar. Lediglich in seiner Süd-Ost-

Ecke wurden etwa Ende des 18. Jahrhunderts Gurtbögen mit reichhaltigen Renaissance-Stukkaturen – unter anderem mit einem Löwenmotiv – eingebaut. Eine Besichtigung ist nur während Veranstaltungen der Akademie oder der Domäne möglich.

Wülfinghausen, Stadt Springe, Krs. Hannover

Man schrieb das Jahr 1236, als ein Augustinerinnen-Kloster aus Engerode nach Wülfinghausen verlegt wurde. Der Konvent nahm 1543 die lutherische Lehre an und wurde nach und nach in ein evangelisches Damenstift umgewandelt. Ein Brand zerstörte 1728 die Anlage. Sofort wurde mit dem Wiederaufbau des nordöstlich der Kirche Sankt Maria gelegenen Klostergutes begonnen. Die Kirche selbst und der an sie grenzende Nord-Flügel eines Kreuzgangs blieben vom Brand weitgehend verschont. Von 1735 bis 1740 erfolgte dann – einheitlich in barockem Stil – die Wiedererrichtung der übrigen Stiftsgebäude. Zusammen mit der im östlichen Teil des Nord-Flügels gelegenen Kirche umschließen sie einen rechteckigen Hof in den Maßen 33 m mal 46 m. Seit 1994 führen Schwestern der Communität Christusbrüderschaft aus Selbitz im Kloster ein evangelisches Ordensleben.

Mit dem barocken Umbau der Klausur wurden auch der West-, der Ost- und der Süd-Flügel des Kreuzgangs erneuert. Sie sind in die Gebäude einbezogen und schlicht gehalten. Das Untergeschoss des Nord-Flügels stammt noch aus dem Anfang des 13. Jahrhunderts und liegt unter dem heutigen Niveau, so dass seine Maßwerkfenster vom Hof aus nur im oberen Teil zu sehen sind. Die heutige Form seiner flachen Decke lässt vermuten, dass der Nord-Flügel ursprünglich mit einer Holzbalkendecke ausgestattet war.

Sachsen

Von den 12 Kreuzgängen, die im Bundesland Sachsen bis heute überdauert haben, stellen sich lediglich die Kreuzgänge des Klosters Marienthal, des Doms zu Meißen und des Klosters Marienstern in Panschwitz-Kuckau noch in ihrer Vollständigkeit dar. Die überwiegende Zahl ist nur teilweise oder als Rest erhalten.

Altzella, Gem. Nossen, Krs. Meißen

Altzella gehört heute zur Gemeinde Nossen. Das klösterliche Leben begann dort im Jahre 1175, wie eine Urkunde über die Cella Sanctae Mariae ausweist. Mehrere Grabungen belegen, dass im Mittelalter dieses bedeutende Zisterzienser-Kloster zu einem beachtlichen Gebäudekomplex mit großem Gutsbetrieb ausgebaut wurde. Nach der Reformation erfolgte 1540 die Säkularisierung. Wegen Geldmangels verfielen sehr schnell die einzelnen Bauteile oder sie wurden zur anderweitigen Nutzung (z. B. die Kirchenapsis als Mausoleum) umgebaut. Anfang des 19. Jahrhunderts entstand auf dem Gelände ein Englischer Park, bei dem die ruinösen Reste des ehemaligen Klosters in die Planung einbezogen und gesichert wurden. Der Park wird umschlossen von der etwa 1500 m langen, früheren Klostermauer.

Der nördlich der Kirche gelegene Kreuzgang hatte vor der Auflösung des Klosters eine quadratische Ausdehnung von ca. 45 m mal 45 m. An seinem Nord-Flügel war ein Brunnenhaus angebaut. Alle Flügel wurden von Kreuzrippengewölben überdeckt, wie gefundene Schlusssteine mit Band- und Blattmotiven aus der Zeit nach 1200 ausweisen. Spuren des Kreuzgangs sind lediglich von seinem West-Flügel erhalten, der sich an die restaurierte östliche Mauer des Konversenhauses anlehnte. Hier sind die Abriss-

spuren von acht Gewölbejochen und ihren Auflagekonsolen deutlich zu erkennen.
Das Parkgelände kann von Osten durch das ehemalige Klosterportal betreten werden.

Chemnitz

Schon ab dem ausgehenden 12. Jahrhundert entwickelte sich Chemnitz zu einer Handels- und Handwerker-, später auch Industriestadt, die schon früh durch Leinenverarbeitung und Verkauf dieser Produkte reich wurde. Doch schon vor ihrer Gründung siedelten sich an dem Schnittpunkt zweier wichtiger Handelswege nördlich des späteren Stadtkerns Benediktiner an. Ihr Kloster Sankt Maria, auf einer Anhöhe gelegen, basiert auf einer kaiserlichen Gründung aus dem Jahre 1136. Der Bau einer Klosterkirche wird bereits vor Mitte des 12. Jahrhunderts vermutet. Ein fast vollständiger Neubau erfolgte Ende des 15. Jahrhunderts. Nach der Reformation wurden ab 1546 Kirche und Klostergebäude in ein Kurfürstliches Schloss umgewandelt, das im Dreißigjährigen Krieg schwer beschädigt wurde und nach und nach verfiel. Die Schlosskirche ist im 19. Jahrhundert einer evangelisch-lutherischen Kirchengemeinde übereignet und vielfach umgebaut worden. Von der südlich der Kirche gelegenen Klausur sind der Ost- und der Süd-Flügel erhalten. In ihnen ist heute das Städtische Schlossbergmuseum untergebracht. Die Nutzung als Museum führte zu Neubauten im Westen und an der Süd-Wand der Kirche.
Dem Besucher des Museums stellt sich heute ein geschlossenes Klostergeviert dar, von dem jedoch nur der Ost- und der Süd-

Flügel aus dem Mittelalter stammen. Gleiches gilt für den Kreuzgang, dessen Ost-, Süd- und West-Flügel in zweistöckige Gebäude integriert sind. Der historisierende zweistöckige Nord-Flügel lehnt sich an die Kirche an. Der Ost-Flügel wurde Ende des 13. Jahrhunderts und der Süd-Flügel im 14. Jahrhundert erbaut. Ihre erhaltenen Joche sind von Kreuzgratgewölben überdeckt, die auf Konsolen mit figürlichem Schmuck aufliegen und durch reich ornamentierte Schlusssteine geschlossen werden. Die gotischen Spitzbogenfenster sind heute modern verglast.

Freiberg (Sachsen)

Im Jahre 1168 wurden im Erzgebirge reiche Silbererzvorkommen entdeckt; das führte zu einer dichten Besiedlung der Gegend. Kurz darauf entstand der Ort Freiberg, der schon im Jahre 1186 Stadtrechte erhielt. Der Markgraf ließ dort eine Schutzburg und eine Kirche errichten, die 1480 zum Dom Unser Lieben Frauen geweiht wurde. Zum gleichen Zeitpunkt erfolgte die Gründung eines Kollegiatskapitels. Vier Jahre später fiel die romanische Basilika einem verheerenden Stadtbrand zum Opfer. Sofort wurde mit dem Bau einer spätgotischen Hallenkirche begonnen, wobei Reste des romanischen Vorgängerbaus Verwendung fanden. So setzte man die „Goldene Pforte" – eines der ältesten Gewändeportale Deutschlands – im Südosten des Domes ein, der bereits 1501 wieder geweiht werden konnte. Die „Goldene Pforte" ist mit überaus prächtigem, figürlichem und ornamentalem Schmuck ausgestattet.

Mit dem Dombau wurde auf dem Friedhofsgelände („Grüner Friedhof") südwestlich der Kirche die 1514 geweihte Annenkapelle errichtet. Von der „Goldenen Pforte" zu ihr führte ein mehrfach gewinkelter, überdeckter hoher Gang, der auch als „Kreuzgang"

bezeichnet wird. Er öffnet sich zum „Grünen Friedhof" hin mit breiten, verglasten Maßwerkfenstern zwischen mächtigen Strebepfeilern und wird von Netzgewölben unter Pultdächern überdeckt. Zusammen mit der Annenkapelle bildet er den Abschluss des Domgeländes. Der kurze Ost-Flügel des „Kreuzgangs" wurde 1862 abgerissen. Anfang des 20. Jahrhunderts baute man als Witterungsschutz für die „Goldene Pforte" eine Vorhalle. Durch diese beiden Maßnahmen ist die ursprüngliche Verbindungsaufgabe des „Kreuzgangs" nur schwer zu erkennen.
Wenn auch der „Kreuzgang" keine große Anziehungskraft aufweist, so lohnt doch eine Führung durch den Dom mit seinen zwei freistehenden Kanzeln („Tulpenkanzel" vom Anfang des 16. Jahrhunderts, „Bergmannskanzel" von 1638) und der „Goldenen Pforte". Ein besonderes Erlebnis ist ein Konzert auf der Silbermannorgel (Anfang des 18. Jahrhunderts), die manchmal auch während einer geführten Besichtigung erklingt.

Görlitz

Im Jahre 1234 beginnen Mönche des Franziskaner-Ordens vor den Toren der Stadt Görlitz mit dem Bau eines Klosters, dessen Kirche – die heutige Dreifaltigkeitskirche oder „Oberkirche" – elf Jahre später geweiht wurde. Ein vierflügeliger, romanischer Kreuzgang umschloss den südlich der Kirche gelegenen Klosterhof. In der zweiten Hälfte des 15. Jahrhunderts wurde der Kreuzgang nach Süden geöffnet. Gleichzeitig wurde in seinem Nord-Flügel die Mauer zur Kirche hin mit ähnlichen Rundbogen durchbrochen wie die seiner gegenüberliegenden hofseitigen Arkaden, die verglast wurden. Auf diese Weise erhielt die Kirche ein südliches Seitenschiff, dessen West-Teil Katharinenkapelle genannt wird. Sein Ost-Teil ist heute abgetrennt und dient als Gemeinderaum. Wann die anderen Teile des Kreuzgangs verschwanden, konnte nicht ermittelt werden. Nach der Reformation verließ in der zweiten Hälfte des 16. Jahrhunderts der letzte Mönch das ehemalige Kloster. In die Klausurgebäude zog ein Gymnasium ein. Nach vielfachen Umbauten dient der West-Flügel heute noch als Schulgebäude, der ehemalige Klosterhof als Schulhof.

Klosterbuch, Stadt Leisnig, Krs. Döbeln

Im Jahre 1192 ließen sich Zisterzienser in Klosterbuch auf einem von dem dortigen Burggrafen gestifteten Klostergelände nieder. Der Stifter wurde 1203 in der Klosterkirche Sankt Maria begraben, die auf Grund von Ausgrabungen als romanische Pfeilerbasilika nachgewiesen ist. Die Klausur schloss südlich der Kirche an. Nach der Säkularisierung wurden wesentliche Teile der Gebäude umgebaut oder abgerissen; der Rest verwahrloste. In das Sanktuarium ist unter Verwendung gotischer Bauteile eine 1678 geweihte Kapelle eingebaut worden. Im Süden und Westen des weitläufigen Klosterbezirkes stehen noch Teile der ehemaligen Umgrenzungsmauer. Von der weiteren Geschichte des Klosters ist wenig bekannt. Bei meinem Besuch kurz vor Ende des 20. Jahrhunderts war in den erhaltenen Gebäuden ein großer landwirtschaftlicher Betrieb untergebracht. Von dem ehemaligen Kreuzgang sind nur an einer Mauerruine noch Konsolen des Nord-Flügels zu erkennen, auf denen die Gewölbe auflagen.

Marienthal, Gem. Ostritz, Krs. Löbau-Zittau

Das Zisterzienser-Nonnenkloster Marienthal ist schon 1234 durch die Gemahlin des damaligen böhmischen Königs gegründet worden. Nach einem verheerenden Brand im Jahre 1683 ist von den ursprünglichen Gebäuden nichts erhalten geblieben. Dafür erschließt sich heute dem Besucher eine abseits des Verkehrs gelegene, ausgedehnte, vornehmlich barocke Klosteranlage, die insbesondere im 18. Jahrhundert entstand. Hierzu zählen neben der Kirche, der Klausur und dem Konventfriedhof auch noch eine

Vielzahl von Gebäuden, die für den wirtschaftlichen Betrieb des Klosters, als Wohnungen für betreute Behinderte und jetzt vor allem durch das Internationale Begegnungszentrum Marienthal genutzt werden. Da die Zisterzienserinnen noch heute in ihrem Kloster leben und wirken, ist ein Betreten der Klausurgebäude für Fremde nicht möglich.
Der vierflügelige Kreuzgang wurde in die den eigentlichen Klosterhof umschließenden, mehrstöckigen Gebäude einbezogen. Seine Kreuzgewölbe ruhen auf flachen Rechteckdiensten mit schlichten Kapitellen und Basen.

Meißen

Dom
Schon zu Beginn des 10. Jahrhunderts nahm die weltliche Macht Besitz vom späteren Burgberg zu Meißen, indem sie dort eine Bastion gegen die benachbarten Slawen errichtete. Mit der Gründung des Bistums Meißen im Jahre 968 folgte der Klerus, um vom gleichen Ort aus seine Machtstellung zu manifestieren. Dombauten aus dem 10. oder 11. Jahrhundert sind jedoch nicht gesichert. Durch Grabungen wird dann auf eine romanische Kirche aus der Mitte des 12. Jahrhunderts hingewiesen. Hundert Jahre später wurde mit den Planungen eines neuen goti-

schen Domes begonnen; sein Baubeginn ist aber nicht belegt. Über eine rege Bautätigkeit wird insbesondere aus dem 13. und 14. Jahrhundert berichtet. Jedoch erst Anfang des 20. Jahrhunderts wurde der Dombau durch die Vollendung seiner Westtürme beendet.

An die Süd-Seite des Chores und an die Ost-Seite des südlichen Querhauses schmiegt sich ein kleiner Kreuzgang, der in ostwestlicher Richtung ca. 23 m und in nordsüdlicher Richtung ca. 15m misst. Der Nord-Flügel besteht aus dem Untergeschoss des Süd-Ost-Turmes und zwei kreuzgratgewölbten Jochen sowie dem anschließenden äußeren Chorumgang. Seine Bauzeit war um 1260. Seine schmalen, offenen, banklosen frühgotischen Zierarkaden bringen Licht vom kleinen Hof herein. Die Bauzeit der anderen drei Flügel mit Zellengewölben und breiten, offenen Arkaden ohne Bank wird für die Jahre 1470 und 1471 angegeben.

Franziskaner Kloster
Das Franziskaner-Kloster von Meißen wurde 1258 gegründet. Nach einem Brand errichteten die Mönche von 1447 bis 1457 einen Nachfolgebau. Dieser fiel aber größtenteils im 19. Jahrhundert einem Abbruch zum Opfer, um einer Schule Platz zu machen. Von dem spätgotischen, kreuzrippengewölbten Kreuzgang mit verglasten Maßwerkarkaden zwischen Strebepfeilern sind nur der in das südliche Seitenschiff der Kirche integrierte Nord-Flügel und vier Joche des West-Flügels erhalten. An der südlichen Kirchenmauer verläuft über dem Kreuzgang-Nord-Flügel eine offene Galerie. Teile des Klosterhofes dienen heute als Schulhof. Die Reste des Kreuzganges sind jetzt mit dem umgebauten Langhaus der Kirche Teile des Stadtmuseums.

Sankt Afra
Das Augustiner-Chorherrenstift Sankt Afra wurde 1205 gegründet. Die heute noch vorhandenen Bauteile stammen wahrscheinlich aus dem 15. Jahrhundert, sind aber aufgrund der verschiedenen Nutzung vielfach umgebaut worden. Nach Auflösung des

Konvents im Jahre 1539 wurde in ihnen eine Fürstenschule eingerichtet, die etwa bis zum Zweiten Weltkrieg bestand. Ab 1945 etablierte sich in den Räumen eine landwirtschaftliche Fachhochschule. Seit 2001 besuchen dort hochbegabte Schüler und Schülerinnen das Sächsische Landesgymnasium. In anderen Räumen des ehemaligen Klosters ist heute die Evangelische Akademie Meißen untergebracht. Der ehemalige Kreuzgang ist in die Klostergebäude integriert, wurde jedoch wegen der unterschiedlichen Verwendung stark verändert. Seine Kreuzgratgewölbe sind aber noch gut zu erkennen. Während meines Besuches Ende des 20. Jahrhunderts wurden Teile des Kreuzgangs als Kantine der damaligen Fachhochschule genutzt.

Oybin, Krs. Löbau-Zittau

Oberhalb des kleinen Kurortes Oybin thronen auf dem felsigen Berggipfel gleichen Namens dicht beieinander die imposanten Ruinen einer Burg und einer Klosterkirche. Auf dem Oybin siedelten sich bereits vor 3500 Jahren Menschen an. Wegen seiner strategisch günstigen Lage wurden dort schon sehr früh Befestigungsanlagen errichtet. Die Ruinen der letzten Burganlage stammen insbesondere aus dem 14. Jahrhundert. Im Jahre 1369 stiftete der Kaiser für seine Burg Oybin ein Kloster, in das Benediktiner einzogen. Die mit der Burganlage eng verbundene Klosterkirche wurde 1384 geweiht. Im Zuge der Reformation ist das Kloster 1556 aufgelöst worden. Die an die Stadt Zittau kurz darauf übergebene Burg- und Klosteranlage verfiel nach einem Brand im Jahre 1577 immer mehr. Eine Besichtigung der wildromantischen Ruinen und die ringsum schönen Aussichten vom Burgberg Oybin lohnen den etwas mühsamen Aufstieg.

Unterhalb des südlichen Kirchenschiffs hat sich an einem steilen Felshang ein Durchgang erhalten, der als „Galerie" oder auch als „Kreuzgang" bezeichnet wird. Wenn man durch seine stehengebliebenen Gurtbögen hindurchschaut, sieht man die Ruinen der Seitenkapellen des südlichen Kirchenschiffs. Eine Nutzung der „Galerie" als Kreuzgang wird bezweifelt.

Panschwitz-Kuckau, Krs. Kamenz

In der Nähe des heutigen Ortes Panschwitz-Kuckau gründete der Burgherr von Kamenz im Jahre 1248 das Kloster Marienstern, das bald darauf von Zisterzienserinnen bezogen wurde. Plünderungen im Dreißigjährigen Krieg, Reformation und Säkularisierung der umliegenden Klöster überstand der Konvent bis heute. Selbst die umliegenden Orte blieben katholisch. Die Zisterzienserinnen eröffneten Schulen, betreiben bis heute insbesondere Landwirtschaft, Gartenbau sowie Fischzucht und hatten eine eigene Brauerei. Den Reichtum des Klosters erkennt man an der geschlossenen Form des von einer Mauer umgebenen Gebäudekomplexes, der in seinen Ursprüngen aus der Spätgotik stammt. Anbauten und Umbauten erfolgten im wesentlichen in der Barockzeit, aber auch noch in der Neuzeit.

Die Klausurgebäude mit einem vierflügeligen Kreuzgang sind südlich der Klosterkirche gelegen. Sein Nord-

Flügel ist in das südliche Seitenschiff der Kirche einbezogen; die anderen drei Flügel sind in die Konventsgebäude integriert. Der Kreuzgang stammt aus der Anfangszeit des Klosters, erhielt aber seine heutige, schlichte Form im 17. Jahrhundert. Er misst in Nord-Süd-Richtung ca. 48 m und in Ost-West-Richtung ca. 43 m. Hohe Kreuzgewölbe ruhen auf einfachen Konsolen. Die Schlusssteine sind maßvoll geschmückt. Die beiden nördlichen Joche des Ost-Flügels haben Zellengewölbe (um 1500). An der Kirchenwand des Nord-Flügels wurden mittelalterliche Fresken freigelegt. Zum Hof hin öffnet sich der Kreuzgang durch große Spitzbogenfenster mit einfachen, verglasten Maßwerken zwischen schlichten Strebepfeilern. An den Süd-Flügel ist ein mehrstöckiges Brunnenhaus angebaut.

Da der Kreuzgang zur Klausur des Zisterzienserinnen-Konvents gehört, ist er Besucherinnen und Besuchern nicht zugänglich.

Zittau, Krs. Löbau-Zittau

Von 1268 (Klostergründung) bis 1543 (Konventsauflösung) lebten und wirkten Franziskaner in Zittau. Die Klausurgebäude fielen nach der Reformation an die Stadt, die sie für ihre Zwecke nutzte. Der West-Flügel wurde im 17. Jahrhundert zu einem Repräsentationsbau umgestaltet und wird seitdem – nach dem damaligen Bürgermeister – Heffterbau genannt. Im Ost-Flügel betrieb die Stadt von 1554 bis 1928 ein Armenhaus. Nach und nach wurden alle Gebäudeteile zu einem städtischen Kulturhistorischen Museum umgebaut. In ihm wird seit November 2005 das Kleine Zittauer Fastentuch aus dem Jahre 1573 der Öffentlichkeit gezeigt. Im ehemaligen Franziskaner-Kloster wurde im Jahre 1840 hinter einem Bücherregal der Ratsbibliothek das Große Zittauer Fastentuch von 1472 entdeckt, das bereits seit 1999 im Museum Kirche zum Heiligen Kreuz zu sehen ist. Die südlich der ehemaligen Klausur gelegene zweischiffige Klosterkirche Peter und Paul wird heute von einer evangelischen Gemeinde als Pfarrkirche genutzt.

Vom ursprünglich vierflügeligen Kreuzgang des Franziskaner-Klosters, der wohl noch im 13. Jahrhundert gebaut wurde, sind nur die fünf Joche des Ost-Flügels, drei umgestaltete Joche des Süd-Flügels und das zugehörige Eckjoch erhalten. Sie sind alle kreuzgratgewölbt.

Der Ost-Flügel dient dem Museum als Ausstellungsraum. Er ist einstöckig überbaut und liegt heute mit seiner Bank unter Flur, so dass die spitzbogigen, verglasten Maßwerkfenster im Hof direkt am Boden aufsitzen. Der nach Norden erweiterte frühere Klosterhof diente von 1675 bis 1723 bedeutenden Zittauer Familien als letzte Ruhestätte. So entstanden dort fünfzehn kulturhistorisch interessante, barocke Grufthäuser.

Sachsen-Anhalt

Im Bundesland Sachsen-Anhalt überstanden noch 37 Kreuzgänge oder deren Reste die Zeitläufe. Die große Zahl von Klöstern ist sicherlich durch ihre Grenzlage im Mittelalter bedingt, da von dort die Missionierung gen Osten vorangetrieben wurde. So findet der Besucher heute noch viele eindrucksvolle und bedeutende Kreuzgangrelikte in Sachsen-Anhalt.

Arendsee, Altmarkkreis Salzwedel

Am Arendsee, an dem Kreuzungspunkt zweier wichtiger Handelswege und zwischen benachbarten wendischen Dörfern, stiftete der dortige Markgraf im Jahre 1184 ein Benediktiner-Nonnenkloster. Dessen Kirche Sankt Mariae, Sankt Johannes und Sankt Nikolai erhielt im 13. Jahrhundert ihre heutige Gestalt. Besonders adelige Frauen traten in den Konvent ein. Nach der Säkularisierung wurde das Kloster von 1540 bis 1812 als evangelisches Damenstift weitergeführt. Seit dem 17. Jahrhundert verfielen die Klostergebäude nach und nach, bis sie 1826 zum größen Teil abgebrochen wurden. Nur noch Ruinen sind an dem abschüssigen Gelände zum See nördlich der Kirche zu finden.
Es wird angenommen, dass der Kreuzgang lediglich aus einem Süd- und einem West-Flügel bestand. Erhalten ist nur der zweistöckige Süd-Flügel, der sich unter einem Pultdach an die Kirche anlehnt. Sein Untergeschoss liegt etwas tiefer als das Kirchenniveau. Es wird von gedrungenen Kreuzratgewölben mit breiten Birnstabrippen abgedeckt. Beide Geschosse öffnen sich zum See hin durch paarig angeordnete, heute verglaste Rundbogenfenster.

Bernburg (Saale)

Im Mittelalter teilte sich Bernburg auf in die am östlichen hohen Ufer der Saale – rings um die Askanier-Burg – entstandene Siedlung Bergstadt und die auf dem gegenüberliegenden Ufer des 1209 überbrückten Flußes gelegene Talstadt. In der Talstadt ließen sich um das Jahr 1300 Serviten nieder, die nach der Augustinerregel lebten und im Volksmund „Marienknechte" genannt wurden. Nach der Reformation löste sich die Gemeinschaft im Jahre 1525 auf. Das Kloster wurde evangelisches Hospital. Teile der Gebäude, besonders die Kirche, waren dem Verfall preisgegeben.
Von dem schlichten, zweistöckigen Kreuzgang aus dem 14./15. Jahrhundert überdauerten der West-, der Süd- und der Ost-Flügel sowie von seinem an die Kirche angebauten Nord-Flügel das westliche Eckjoch und das daneben stehende Joch. Der Ost- und der West-Flügel sind in die Klostergebäude einbezogen. Der Süd-Flügel lehnt sich mit seinem Pultdach an die ehemalige Stadtmauer an. Ringsum hat das Erdgeschoss eine Flachdecke, aber im West-Flügel sind Reste einer Wölbung gefunden worden. Es wird jedoch vermutet, dass diese nie vollendet wurde. Zum Hof hin öffnet sich der Kreuzgang im Untergeschoss durch – heute zum Teil verglaste – Dreipassfenster unter Spitzbogen. Im Obergeschoss sind in großen Abständen rechteckige Fensteröffnungen zu erkennen. Der Süd-Flügel wird durch mächtige Strebepfeiler abgestützt.

Dambeck, OT Amt Dambeck, Altmarkkreis Salzwedel

Etwa 2 km südlich des Dorfes Dambeck liegt das ehemalige Beediktinerinnen-Kloster. Die Klosterkirche aus der Mitte des 13. Jahrhunderts ist trotz einiger Umgestaltungen im wesentlichen erhalten. Die südlich der Kirche angeordneten, backsteingemauerten Klostergebäude machten auf mich – bei meinem Besuch Ende des 20. Jahrhunderts – einen trostlosen Eindruck. Die Anlage war wohl bis kurz vorher als landwirtschaftlicher Betrieb genutzt worden. An den verlassenen Ställen und Scheunen waren noch spärliche Reste des Kreuzgangs zu erkennen. Der West-, der Süd- und der Ost-Flügel waren – wie an einigen frühgotischen Fensteröffnungen zu erkennen – wahrscheinlich zweistöckig ausgeführt und von den ehemaligen Klausurgebäuden überbaut. Auf Grund der noch erhaltenen Balkenlöcher in der Süd-Mauer der Kirche ist anzunehmen, dass der Nord-Flügel einstöckig war und sich an die Kirche anlehnte.

Drübeck, Krs. Wernigerode

Wie sichere Urkunden belegen, befand sich in dem über tausend Jahre alten Ort Drübeck mindestens seit dem Jahr 980 ein Benediktinerinnen-Kloster. Frühere Gründungsdaten beruhen auf mittelalterlichen Urkundenfälschungen, die den Machtanspruch des Klosters erhöhen sollten. Trotz späterer Umbauten und Zerstörungen zeigt sich die um die Jahrtausendwende errichtete Klosterkirche Sankt Vitus heute fast wieder in ihrer ursprünglichen Form, wenn auch von der dreischiffigen, flachgedeckten romanischen Basilika das nördliche Seitenschiff fehlt. Jetzt ist sie eine evangelische Pfarrkirche. Von den damaligen Klostergebäuden, die südlich der Kirche lagen, ist nichts mehr erhalten außer einigen Resten des nördlichen Kreuzgangflügels und Teilen der

Klostermauer, die den großen Umfang der Anlage sichtbar machen. Die Wohn- und Wirtschaftsgebäude stammen vom Anfang des 18. Jahrhunderts und wurden für das nach der Reformation im Jahre 1540 in das ehemalige Kloster eingezogene Fräuleinstift errichtet. Sie werden heute von einer evangelischen Begegnungsstätte genutzt. Aus Säulen- und Mauerresten ist zu ersehen, dass der Nord-Flügel des Kreuzgangs zweischiffig war. Er und die Kirche liegen weit unter dem Niveau der späteren Stiftsgebäude.

Gernrode, Krs. Quedlinburg

Der Name Gernrode stammt von dem Markgrafen Gero, der am Nordrand des Harzes einen Hügel rodete, um dort eine Burg zu bauen. Im Jahre 961 brachte er einen Großteil seines Besitzes in ein Kanonissenstift ein, für das auf dem Hügel eine Klausur mit Kirche errichtet wurde. Vier Jahre später stirbt Gero und wird in der Vierung der wahrscheinlich noch im Bau befindlichen Kirche beigesetzt. Das Stift Sankt Cyriakus entwickelte sich schnell. Im 12. Jahrhundert wurden die Kirche umgebaut und größere Klausurgebäude südlich von ihr errichtet. Nach der Säkularisierung erfolgte die Auflösung des Stiftes. Von der Klausur sind heute nur der Nord-Flügel des Kreuzgangs und der durch Umbau stark verunstaltete südliche Gebäudetrakt erhalten. Mit der Restaurierung der Kirche (1858 bis 1872) durch den preußischen Konservator von Quast wurde der äußerst desolate, zweistöckige Nord-Flügel des Kreuzganges vom Ende des 12. Jahrhunderts unter Verwendung originalen Materials neu aufgeführt. In seinen Steinmetzarbeiten kommt der ornamentale Reichtum der Romanik wieder zum Ausdruck. Das Erdgeschoss wird durch Schildbögen überdeckt, die kirchenseitig auf dreiteiligen Gewölbevorlagen mit einer Halb- und zwei Viertelsäulen aufliegen. Zum Hof hin öffnet der Kreuzgang mit großen zweigeteilten Rundbögen. Das Obergeschoss hat eine Flachdecke und ebenfalls zweigeteilte Fensteröffnungen mit einer Mittelsäule. Eine Seltenheit sind die beiden Fensteröffnungen im Erdgeschoss zum Kircheninneren hin. Dort befindet sich in den beiden östlichen Jochen des südlichen Seitenschiffes das Heilige Grab, die älteste Nachbildung des Grabes Christi in Deutschland. Die Vierpassöffnung führt in die eigentliche Grabkammer, das östliche Rundfenster in den Vorraum.

Wer den Kreuzgang-Nord-Flügel besucht, sollte unbedingt auch das Innere der frühgotischen Kirche mit dem berühmten Heiligen Grab auf sich wirken lassen.

Groß Ammensleben, Ohrekreis

Das 1124 im heutigen Groß Ammensleben gegründete Augustiner-Chorherrenstift ist bereits 1129 in ein Benediktiner-Kloster umgewandelt worden. Es wurde 1804 säkularisiert. Die Weihe der ursprünglichen Klosterkirche Sankt Peter und Paul erfolgte 1140. Mehrfach wurden Umbauten und Restaurierungen vorgenommen. Von der Klausur und vom Kreuzgang sind nur noch Gewölbeansätze an der Nordwand der Kirche zu erkennen. Wahrscheinlich war das südliche, schmale Joch der Ursula-Kapelle mit seinem Kreuzrippengewölbe Teil des Kreuzgangsüdflügels.

Hadmersleben, Bördekreis

Zusammen mit dem Kloster Gernrode wurde im Jahre 961 auch die Stiftung des Benediktinerinnen-Klosters Hadmersleben durch den sechsjährigen König Otto II. genehmigt. Die Klosterkirche Sankt Petrus und Sankt Paulus ist in ihrer Ursprungsform in der zweiten Hälfte des 12. Jahrhunderts errichtet, später aber mehrfach umgebaut und in ihrem Innern vornehmlich Ende des 18./Anfang des 19. Jahrhunderts barockisiert worden. Auch die Klausurgebäude erlebten mit dem Aufschwung und Niedergang des Klosters vielfältige Änderungen, besonders in der Barockzeit. Mit der Säkularisierung im Jahre 1809 wurde das Kloster einschließlich des landwirtschaftlichen Betriebes in Privatbesitz überführt. Der letzte Besitzer züchtete weltbekannte Getreidesorten, wurde aber 1945 enteignet. In die Klausurgebäude zog das Institut für Getreideforschung ein. Seit 1996 betreibt der Museumsverband Sachsen-Anhalt dort ein kulturhistorisches Museum. Die Klosterkirche dient der katholischen Gemeinde Hadmersleben als Pfarrkirche. Der rechteckige romanische Kreuzgang, der zum Ende des 12. Jahrhunderts errichtet wurde, hatte einen zweietagigen, zweischiffigen West-Flügel, zum Hof hin offene Rundbogen und Balkendecken. Anfang des 15. Jahrhunderts wurden Kreuzrippengewölbe auf Konsolen eingebaut und die Rundbogen durch Spitzbogen ersetzt. Mit der Barockisierung der Kirche erfolgten auch Änderungen am Kreuzgang. So wurden zum Klosterhof die Spitzbogen zugemauert und Rechteckfenster eingesetzt, die aus symmetrischen Gründen aber nicht mit den Jochen im Innern übereinstimmen. Nach der Säkularisierung ließen die Besitzer zuerst den größten Teil des Süd-Flügels und später den West-Flügel abbrechen. Eine Besichtigung der noch vorhandenen Teile ist nur im Rahmen von Führungen durch das Museum möglich.

Halberstadt

In Halberstadt lohnen zwei bedeutende Baudenkmäler einen Besuch: der romanische Kreuzgang der Liebfrauen-Kirche und der Kreuzgang des Domes.

Dom
Der gotische Dom Sankt Stephan und Sankt Sixtus zu Halberstadt wurde – in der Form, wie er sich heute den Besuchern im wesentlichen darstellt – nach und nach vom zweiten Viertel des 13. Jahrhunderts bis zu seiner Weihe 1591 errichtet. Doch schon aus den Anfängen des 9. Jahrhunderts und auch aus späterer Zeit sind an gleicher Stelle Vorgängerbauten durch Grabungen nachgewiesen. Auf der Südseite des Domes befindet sich die ehemalige Klausur des Domkapitels. Deren älteste Bauelemente aus der Mitte des 12. Jahrhunderts wurden im erhaltenen Teil des Ost-Flügels gefunden. Außerdem stehen noch der Remter des westlichen Traktes und der vollständige Kreuzgang. Die Bauzeit all dieser Klausurelemente wird in die Zeit um 1240/1250 datiert, ähnlich wie die erste Etappe des Domneubaus. Der südliche Trakt und ein Teil des Ost-Traktes sind nach 1856 abgebrochen worden.
Der zweigeschossige Kreuzgang mißt in Ost-West-Richtung ca. 53 m und in Nord-Süd-Richtung ca. 36 m. Sein einheitliches Bild ist sicherlich in der kurzen Bauperiode begründet. Er wurde mehrfach umgebaut und ist kreuzgratgewölbt. Die Dreipaßfüllungen der breiten, spitzbogigen Arkaden im Erdgeschoss wurden im 19. Jahrhundert nach altem Vorbild erneuert. Im Obergeschoss schließen die schmalen Fenster oben abwechselnd mit einem Dreiecksteil oder mit einem Trapezteil ab und werden durch ein zweiteiliges Maßwerk unterteilt. Die Arkaden des Nord- und des Ost-Flügels liegen zwischen Strebepfeilern. Im Obergeschoss des nördlichen Kreuzgangflügels wurde – unter Einbeziehung des Raumes zwischen den Strebepfeilern des Domes – ein neuer Kapitelsaal errichtet, der nach anderweitiger Nutzung ab 1837 das Domschatzmuseum beherbergt. Die West-Wand des östlichen Klausurgebäudes ist im frühen 15. Jahrhundert im Niveau des Erdgeschosses durch spitzbogige Arkaden zum Kreuzgang hin ge-

öffnet worden. An den West-Flügel des Kreuzgangs wurde die im Jahre 1503 vollendete zweistöckige Neuenstädter Kapelle angebaut. Der Kreuzgang kann im Rahmen einer Domschatz-Führung besichtigt werden.

Kollegiatsstift Liebfrauen
Im Jahre 1005 gründete der damalige Bischof zu Halberstadt ein Augustiner-Chorherren-Stift, dessen Gebäude auf dem selben Hügel wie der Dom errichtet wurden. Die hochromanische Kirche, die wir heute sehen, ist 1146 geweiht worden. Ein Vorgängerbau an gleicher Stelle ist durch Grabungen nachgewiesen. Nach der Reformation wurde das Stift evangelisch und ist 1810 schließlich aufgehoben worden. Die unbenutzte Kirche verfiel allmählich, bis sie zwei Jahrzehnte später restauriert und der reformierten Gemeinde als Pfarrkirche übergeben werden konnte. Am 8. April 1945 erlitt die Liebfrauenkirche – wie auch die Altstadt und der Dom – bei einem Bombenangriff schwere Schäden. Dank des persönlichen Einsatzes Halberstädter Bürger begann schon bald nach dem Krieg ihr Aufbau, so dass sie bereits 1952 wieder geweiht werden konnte.

Die südlich der Kirche gelegenen romanischen Klausurgebäude mit Kreuzgang wurden im 14. Jahrhundert abgebrochen. Von ihnen sind nur noch Reste zu finden in der im Winkel zwischen südlicher Vierung und Langhaus gelegenen gotischen Barbarakapelle sowie in der südlich an das Westwerk angebauten Taufkapelle. Direkt nach dem Abriss errichtete man südwestlich der Kirche eine neue Klausur, deren Gebäude – bis auf den Kreuzgang – heute nur noch teilweise und stark verändert erhalten sind. Dieser neuere frühgotische Kreuzgang misst in Ost-West-Richtung ca. 30 m und in Nord-Süd-Richtung ca. 35 m und ist mit seinen schlichten Kreuzgratgewölben in die Klausurgebäude integriert. Eine Ausnahme bildet der Süd-Flügel, der heute frei steht und durch den man von der Straße her in den Kreuzgang gelangt. Vom Hof, dessen heutiges Niveau etwa so hoch ist wie die Bank, erhält er sein Licht durch breite Spitzbogen, die nicht untergliedert sind und zum Teil zwischen mächtigen Strebepfeilern liegen.

Sankt Katharina
Anfang des 13. Jahrhunderts ließen sich Dominikaner in Halberstadt nieder und zogen in das von dem Grafen von Regenstein gegründete Kloster Sankt Katharina, das angeblich 1231 geweiht wurde. Die Kirche, die aus der Mitte des 14. Jahrhunderts stammt, liegt südlich der Klausur. Heute ist sie katholische Pfarrkirche. In der wechselvollen Geschichte vor und im Dreißigjährigen Krieg waren die Mönche aus ihrer Klausur vertrieben und konnten erst von 1648 bis 1802 ihr Kloster wieder bewohnen. Im Jahre 1920 wurde die Klausur an den Orden der Karmelitinnen vom Göttlichen Herzen Jesu übergeben. Die zweistöckigen Gebäude und der von ihnen überbaute Kreuzgang haben durch die verschiedenartigen Nutzungen sowie entsprechende Umbauten ihren ursprünglichen Charakter fast vollständig verloren. Sie sind in einem verschobenen Viereck angeordnet, das heißt der Nord-Trakt ist länger als der Süd-Trakt und der Ost-Trakt ist länger als der West-Trakt.

Der Kreuzgang erscheint vom Hof her einheitlich. In die innen noch vorhandenen Rundbögen wurden Rechteckfenster eingesetzt. Der an die Kirche angebaute Süd-Flügel ist breiter als die anderen drei Flügel. Er hat – wie auch der Nord- und der West-Flügel – eine Flachdecke auf Balken. Der Ost-Flügel wird von einfachen Kreuzgratgewölben überdeckt.

Haldensleben, Ohrekreis

In dem vor 1150 gegründeten Ort Haldensleben wurde im Jahre 1228 das Zisterzienser-Nonnenkloster Sankt Maria, Sankt Jakobus und Sankt Johannes Baptist gegründet. Von den Gebäuden des 1810 säkularisierten Konvents sind keine mittelalterlichen Reste erhalten. In den Räumen des Klosters und des zugehörigen Gutes ist heute eine moderne Berufsschule untergebracht.
Der vierflügelige Kreuzgang umschließt einen fast quadratischen Hof und ist in den zweistöckigen Gebäudekomplex integriert. Alle Flügel sind kreuzgratgewölbt und durch spätere Umbauten stark verändert. Die zum Hof hin viereckigen Fenster sind innen in hohe rechteckige Nischen mit oberem Rundbogenabschluss eingebaut.

Hamersleben, Bördekreis

Um das Jahr 1111 wurde das kurz zuvor in Osterwiek gegründete Augustiner-Chorherrenstift nach Hamersleben verlegt. Unmittelbar danach begann der Bau der romanischen Stiftskirche St. Pankratius, die bis heute in ihrem ursprünglichen Bestand erhalten geblieben ist. Die nördlich gelegenen Stiftsgebäude stammen im wesentlichen aus der ersten Hälfte des 16. Jahrhunderts. Die Denkmalspflege hat seit der Mitte des 19. Jahrhunderts immer wieder ihren Einfluss ausgeübt, so dass sich das gesamte Stift als ein geschlossener Komplex innerhalb eines weitläufigen Mauerzuges darstellt.
Auch der mit den Stiftsgebäuden entstandene spätgotische Kreuzgang erfuhr keine größeren Änderungen oder diese wurden im Rahmen der Restaurierungen rückgängig gemacht. Er ist quadratisch angelegt und hat etwa die Maße 38 m mal 38 m. Der Nord-

und der Ost-Flügel werden von gekehlten Kreuzgratgewölben überdeckt, deren Schlusssteine besonders im Nord-Flügel figürlich gestaltet sind. Im West- und Süd-Flügel sind Balkendecken mit geputzten Zwischenfeldern eingebracht. In den Fensternischen fand man Farbreste, aufgrund derer und anderer Befunde die Ausmalung rekonstruiert wurde. Große Fenster, die durch gekehlte Pfosten dreigeteilt sind, beleuchten den Kreuzgang vom Hof her. Bis auf den Süd-Flügel sind alle Trakte des Kreuzganges überbaut. Kreuzgang und Stiftsgebäude befinden sich in Privatbesitz und können nicht besichtigt werden.

Havelberg, Krs. Stendal

Auf einem Bergrücken oberhalb der Havel – nahe ihrer Mündung in die Elbe – überragt das mächtige Westwerk des 1170 geweihten romanischen Doms zu Havelberg den angrenzenden Dom- und Burgbezirk. Das Bistum Havelberg wurde schon Mitte des 10. Jahrhunderts gegründet, um von diesem strategischen Punkt aus die Missionsarbeit zu schützen, der sich die im Osten angrenzenden Slawen über eineinhalb Jahrhunderte widersetzen konnten. Südlich des Gotteshauses entstanden ab der Mitte des 12. Jahrhunderts Backsteingebäude für das Domkapitel, das zuerst Prämonstratenser-Mönche übernahmen. Um 1500 erfolgte eine Umwandlung in ein weltliches Chorherrenstift, in das 1580 evangelische Domherren einzogen und das im Jahre 1819 aufgelöst wurde. Nach verschiedenster Nutzung und damit verbundenen Umbauten wurde in den Räumen ab Anfang des 20. Jahrhunderts ein Heimatmuseum aufgebaut, das heute als Prignitzmuseum eine reichhaltige Sammlung zur Geschichte dieser Landschaft beherbergt. Den fast quadratischen Innenhof der ehemaligen Klostergebäude umschließt – außer an der Domseite – ein dreiflügeliger, zweistöckiger Kreuzgang. Sein Ost-Flügel entstand in der ersten Hälfte des 13. Jahrhunderts zuerst einstöckig vor dem sogenannten „Konventbau". Die Kreuzrippengewölbe mit ornamentalen Schlusssteinen liegen teils auf Backstein-, teils auf Sandsteinkonsolen auf. Zum Hof hin öffnet sich das Erdgeschoss des Kreuzgangs in breiten viergeteilten Spitzbogen. Im 15. Jahrhundert setzte man mit dem Umbau des Dormitoriums dem Ost-Flügel ein flachgedecktes Kreuzgangobergeschoss auf. Der Süd-Flügel wurde Mitte des 13. Jahrhunderts vor dem „Refekturbau" in einem Zug zweistöckig errichtet. Er ist im Stil dem Ost-Flügel angepasst, jedoch ist das Obergeschoss ebenfalls gewölbt. Auf der Hofseite zeigt der Süd-Flügel eine formenreichere Gliederung als der Ost-Flügel. Mit dem Bau des westlichen Traktes der Klausur, dem „Cellerargebäude" wurde das Quadrum Ende des 13. Jahrhunderts geschlossen. Gleichzeitig entstand der fehlende Kreuzgangteil, wobei an Stelle eines Obergeschosses ein Getreidespeicher die gesamte Gebäudebreite überdeckte. In diesem großen Raum ist heute der frühgeschichtliche Teil des Museums untergebracht. Die höheren Spitzbogen des Kreuzgang-West-Flügels lassen diesen vom Hof her nicht so gedrungen erscheinen wie die anderen beiden Flügel. Ansonsten weist er ähnliche Formen wie diese auf, so dass dem Beschauer ein einheitliches Bild mittelalterlicher Baukunst vermittelt wird. Eine Besichtigung des Kreuzgangs ist nur durch das Museum möglich.

Helfta, Lutherstadt Eisleben, Krs. Mansfelder Land

In Helfta, einem kleinen Vorort von Eisleben, wurde 1229 innerhalb der damaligen Grafenburg ein Nonnenkloster gegründet. In seiner wechselvollen Geschichte wirkten die Klosterfrauen insbesondere nach der Zisterzienserregel, wurden mehrfach vertrieben, kehrten aber immer wieder an ihren Gründungsort zurück. Als die Zisterzienserinnen nach der Reformation sich weigerten, zum evangelischen Glauben überzutreten, erfolgte 1546 die endgültige Auflösung der mittelalterlichen Kongregation. Seine Blütezeit hatte das Kloster im 13. und 14. Jahrhundert, besonders nachdem es 1274 durch Übernahme von gräflichem Besitz mit Land- und Teichwirtschaft, sowie einer Mühle reich geworden

war. Die Klausur und der mächtige Kirchenbau erlebten im Mittelalter vielfältige Erweiterungen, aber auch starke Zerstörungen, so dass heute von ihnen nur noch Ruinen zu finden sind. Die Wirtschaftsgebäude gerieten 1712 in preußischen Besitz und wurden in nachklösterlicher Zeit in eine Domäne umgewandelt, wodurch sie weitgehend erhalten blieben. So zeigt sich heute die enorme Ausdehnung der spätmittelalterlichen Gesamtanlage.
Aus den wenigen überkommenen Urkunden und durch Grabungen ist bekannt, dass nördlich der Kirche seit 1258 ein wahrscheinlich vierflügeliger romanischer Kreuzgang bestand, der 1274 umgestaltet wurde. Aus dieser Zeit sind lediglich einige Konsollöcher für das Flachdeckengebälk des Süd-Flügels an der nördlichen Außenwand der Kirchenruine zu erkennen. Während der Zeit der DDR wurden auch die ehemaligen Domänengebäude vernachlässigt und verunstaltet. Kurz nach der Wende setzten sich mehrere ehrenamtliche Gruppen für die Erhaltung und den Wiederaufbau des Klosterkomplexes ein. Es entstanden sogar Neubauten auf dem Gelände, in die bereits im Jahre 1999 wieder Ordensschwestern einzogen, womit das Kloster Sankt Maria zu neuem Leben erweckt wurde. Im Zuge dieser Bemühungen entstand im Süden der Anlage ein vierflügeliger moderner Kreuzgang um einen farbenfrohen Klostergarten. Da er zur Klausur gehört, ist er nur im Rahmen einer Führung zu besichtigen.

Hillersleben, Ohrekreis

Das Kloster Sankt Laurentius, Sankt Stephan und Sankt Petrus zu Hillersleben wurde wahrscheinlich um 960 im Zuge der Mission gegründet. Einige Jahre später erfolgte die Rückeroberung des Gebietes durch die Slawen mit der Zerstörung des Klosters und der Vertreibung der Mönche. Im Jahre 1022 ist erneut ein Kloster in

Hillersleben geweiht und 1096 durch Benediktiner-Mönche aus Ilsenburg in Besitz genommen worden. Immer wieder zerstörten Brände und Kriegseinwirkungen die Gebäude. Nachdem 1680 das Gebiet an Brandenburg fiel, begann ein rapider Niedergang des Klosters, dessen Säkularisierung 1720 abgeschlossen war. Die Fremdnutzung der Gebäude führte zu vielfältigen Umbauten und Zerstörungen. Auch Ende des 19. Jahrhunderts einsetzende Erhaltungsmaßnahmen konnten den Verfall nicht nachhaltig stoppen. Erst ab 1989 – nach der Wiedervereinigung – wurden insbesondere durch private Initiativen umfangreiche Sicherungs- und Wiederaufbaumaßnahmen begonnen.

Die Klostergebäude lagen südlich der Kirche. Von dem ehemals vierflügeligen einstöckigen Kreuzgang vom Ende des 13. Jahrhunderts blieben nur Reste erhalten. Einige Joche des mit einer flachen Balkendecke versehenen Nord-Flügels, der sich mit einem Pultdach an die Kirche anlehnt, wurden zum Gemeinderaum umgebaut. Seine Spitzbogenöffnungen aus dem 16. Jahrhunderts sind modern verglast. Der Süd-Flügel ist durch den Einbau von Wohnungen stark verändert.

Huysburg, Gem. Dingelstedt, Krs. Halbertstadt

Um die Jahrtausendwende schenkte Kaiser Otto III. dem Bischof von Halberstadt die Huysburg. Diese Burganlage lag auf dem Huy, einem dem Harz nördlich vorgelagerten Bergrücken. Etwa zur gleichen Zeit siedelten sich dort auch Klausnerinnen und Benediktiner-Mönche an. Der weibliche Konvent wurde wohl Anfang des 15. Jahrhunderts endgültig aufgelöst. Die Benediktiner erhielten immer mehr Macht und Reichtum und konnten so die Klosteranlagen der Huysburg mit der Kirche wesentlich ausbauen und erneuern. Nach der Säkularisierung Anfang des 19. Jahrhunderts ging das Kloster mit seinen Gütern in weltlichen Besitz über. Der neue Eigentümer ließ im Zuge eines Umbaus zu einer Schlossanlage wesentliche Teile der Klausurgebäude abreißen oder völlig umgestalten. So erinnert heute nur die Kirche Sankt Maria Aufnahme in den Himmel an die klösterliche Zeit. Seit 1972 werden Teile des ehemaligen Klosters wieder von Mönchen des Benediktiner-Ordens genutzt.

Der vierflügelige romanische Kreuzgang aus dem Übergang vom 11. zum 12. Jahrhundert lag südöstlich der Kirche. An der Süd-Wand ihres Chores befinden sich noch einige Kreuzgangjoche. Ihre Kreuzrippengewölbe mit ornamentalen Schmucksteinen ruhen auf schlichten Konsolen. Durch die Aufschüttung des Niveaus haben die Öffnungen zum Hof nicht mehr ihre ursprüngliche Form. Reste des Kreuzgangs sind auch an der Nord-Wand der „Bibliothek" erhalten, dem ehemaligen Refektorium. Hier befinden sich noch Mauerteile und Konsolen der Gewölbe, die dem Ansatz des zweischiffigen West-Flügels und des Süd-Flügels zuzuordnen sind. Eine Arkadenreihe im Vorhof des Schlosses, die als Ehrengalerie diente, wurde unter Verwendung von Bauteilen des abgetragenen Kreuzgangs gestaltet.

Ilsenburg, Krs. Wernigerode

Anfang des 11. Jahrhunderts wurde in Ilsenburg oberhalb des Flüsschens Ilse auf dem Gelände einer sogenannten „Reichsburg" das Benediktiner-Kloster Sankt Peter und Paul gegründet. In den Jahren 1078 bis 1087 errichteten die Mönche – wahrscheinlich unter Verwendung bestehender Bauteile – in Steinbauweise eine Kirche, deren ursprünglicher Zustand aber nur in dezimierter Form erhalten blieb. Das Klosterquadrum war südlich der Kirche gelegen. Die bis heute bestehenden Klausurgebäude entstanden etwa hundert Jahre darauf, sind aber durch spätere Nut-

zungen stark verändert worden. Der West-Trakt fehlt ganz. Nach der Reformation ging das Kloster in den Besitz der Familie von Stolberg-Wernigerode über, die es im 17. Jahrhundert als Wohnsitz benutzte. Die umfangreiche mittelalterliche Bibliothek des Klosters Ilsenburg wurde in den Bauernkriegen geplündert, so dass nur wenige bedeutende Stücke in heutigen Archiven zu finden sind.
Auch von dem vierflügeligen Kreuzgang sind nur geringe Reste erhalten. Er hatte eine Größe von etwa 30 m mal 30 m. Seine Lage ist besonders vor dem Süd-Trakt des Klosters zu erkennen. Dabei ist zu beachten, dass das heutige Niveau des Klosterhofes nicht dem ursprünglichen entspricht. Aber auch an der Süd-Wand der Kirche sowie an den beiden erhaltenen Klausurgebäuden findet der aufmerksame Besucher Auflager und Gewölbereste des (vielleicht zweistöckigen) Kreuzganges.

Jerichow

Mit der Christianisierung in Richtung Osten wurde im Jahre 1144 in Jerichow ein Prämonstratenser-Stift gegründet. Vier Jahre später ist es nordwestlich vor die mittelalterliche Stadt verlegt und mit dem Bau der heutigen Stiftsgebäude begonnen worden. Die Kirche Sankt Maria und Sankt Nicolai liegt nördlich der Klausur. Die Säkularisierung erfolgte 1552.
Der spätromanische Kreuzgang aus dem ersten Drittel des 13. Jahrhunderts war ursprünglich den Klostergebäuden mit einem Pultdach vorgelagert. Er misst in Ost-West-Richtung ca. 35 m, in Nord-Süd-Richtung ca. 37 m. In den breiten, leicht spitzbogigen Arkaden auf einer niedrigen Bank findet man teilweise noch Reste von später eingebauten gotischen

Maßwerken. Der Kreuzgang wird von Kreuzgewölben überdeckt, deren Gurte auf profilierten Konsolen aufliegen. Im späten Mittelalter erfolgte eine Erweiterung der Klausurgebäude durch eine Überbauung und damit eine Integration des Kreuzgangs. Der an die Kirche angelehnte Nord-Flügel wurde im 16. Jahrhundert abgerissen. Nach Auflösung des Klosters ist der Kreuzhof als Wirtschaftshof der Domäne genutzt worden. Die Zufahrt erfolgte zwischen der Kirche und dem West-Flügel des Kreuzgangs durch dessen nördlichstes Joch. Auch die Klostergebäude wurden durch die andersartige Nutzung innen und außen stark verunstaltet.

Kloster Neuendorf, Amt Gardelegen, Altmarkkreis Salzwedel

Um 1232 wurde in Kloster Neuendorf (damals Niendorp) ein Zisterzienser-Nonnenkloster gegründet. Nach der Reformation widersetzten sich die Nonnen fast vierzig Jahre lang der neuen Lehre, so dass die Aufhebung der Klausur erst 1579 erfolgte. Jedoch ist die Einrichtung bis in das Jahr 1810 als evangelisches Fräuleinstift weiter betrieben worden. Nach der Säkularisierung dienten die Klausurgebäude als Schnapsbrennerei, später auch als Schule. Die frühgotische Kirche stammt aus der zweiten Hälfte des 13. Jahrhunderts. Es ist anzunehmen, dass auch die Klostergebäude um diese Zeit entstanden. Sie sind nordwestlich der Kirche gelegen, schließen aber heute nicht mehr direkt an diese an, da das ursprünglich dazwischen liegende Parlatorium abgerissen wurde.

Vom Kreuzgang ist nur ein Teil des Süd-Flügels erhalten, der durch den Süd-Trakt der Klausur überbaut wurde (heute Pfarrhaus). Dieser Rest des Kreuzganges wird von backsteingemauerten, gedrungenen Kreuzrippengewölben überdeckt und öffnet sich durch schlichte, abgetreppte Spitzbogen zum ehemaligen Klosterhof. Eine Besichtigung ist nicht möglich.

Magdeburg

In Magdeburg sind zwei besonders sehenswerte Kreuzgänge bis heute erhalten geblieben: der Kreuzgang des Domes und der romanische Kreuzgang des Klosters Unser Lieben Frauen.

Dom

Der Dom Sankt Mauritius und Sankt Katharina ist aus einem 937 gestifteten Benediktiner-Kloster hervorgegangen, dessen Kirche als königliche Grablege ausersehen war. Ab dem Jahre 968 ist Magdeburg Sitz eines Erzbischofs. Ein Stadtbrand am Karfreitag des Jahres 1207 zerstörte auch den Dom so, dass ein völliger Neubau beschlossen und nach 1209 begonnen wurde. Vollendet wurde er erst 311 Jahre später. Nach der Reformation wird das katholische Domkapitel im Jahre 1546 aufgelöst. Große Zerstörungen und Plünderungen erfolgten im Dreißigjährigen Krieg. In der napoleonischen Zeit war der Dom Magazin, Pferde- und Schafstall. Die größten Schäden erlitten der Dom und die angrenzende Klausur bei einem Bombenangriff zu Ende des Zweiten Weltkrieges. Aber immer wieder konnten sie in ihrer ursprünglichen Form und Größe aufgebaut und restauriert werden. Ein Schatz mittelalterlicher Baukunst ist somit wiedererstanden.

Der Kreuzgang schließt mit seinem Nord-Flügel an das südliche Querhaus des Domes an. Gegenüber dem Durchgangsportal vom Dom befindet sich ein halbkreisförmiger Anbau, die sogenannte „Tonsur". Die vier Kreuzgangflügel sind unterschiedlich lang: der Nord-Flügel ca. 45 m, der Ost-Flügel ca. 38 m, der Süd-Flügel auch ca. 45 m und der West-Flügel ca. 31 m, so dass nur der Süd-Flügel mit rechten Winkeln ansetzt. Der zweistöckige Süd-Flügel hat einfache Kreuzgewölbe und stammt noch von dem um 1170 erbauten spätromanischen Kreuzgang, auf dessen Fundamenten auch die anderen drei Flügel errichtet wurden. Die niedrigen Rundbogenarkaden des Süd-Flügels sind im Erdgeschoss durch schlanke Säulen und Halbsäulen mit ornamentalen Kapitellen zweifach gegliedert. Im Obergeschoss wurde eine einfache Gliederung angewendet.

Der Ost-Flügel (um 1235) weist frühgotische Züge auf. Auch er ist zweistöckig, wobei im Erdgeschoss die Gliederung der niedrigen Spitzbogen durch einfaches Maßwerk erfolgt. Im Obergeschoss wurden zweigeteilte schmale Spitzbogenfenster eingesetzt. Der Ost-Flügel ist – wie auch der Nord- und der West-Flügel – durch Kreuzgratgewölbe abgedeckt, deren Grate auf einfachen Konsolen aufliegen. Nord- und West-Flügel sind im Stil hochgotisch, entstanden zwischen 1274 und 1363, und wurden nur einstöckig unter einem flachen Pultdach aufgeführt. Die sehr weiten spitzbogigen Arkaden haben keine Vergitterung. Alle Kreuzgangflügel werden zwischen fast jeder Arkadenöffnung durch schlanke, am Ost-Flügel mächtige Strebepfeiler abgestützt. Der Zugang zum Kreuzgang ist nur durch den Dom möglich.

Kloster Unser Lieben Frauen
Schon Anfang des 11. Jahrhunderts wird in Urkunden ein Kollegiatsstift erwähnt, das an der nördlichen Grenze der Domfreiheit gelegen und Unser Lieben Frauen geweiht war. Der Ursprung des romanischen Klosterkomplexes stammt vom Ende des 11. Jahrhunderts. Das Stift wurde im Jahr 1129 dem Orden der Prämonstratenser überantwortet, der es nach der Reformation verlassen musste. Im Zuge der Gegenreformation kehrten die Prämonstratenser noch einmal zurück, bis sie im Dreißigjährigen Krieg endgültig vertrieben wurden. Im Gegensatz zum Dom zerstörten die Schweden die Gebäude nicht, jedoch gingen der Klosterschatz und

die wertvolle Bibliothek verloren. Dann bezogen protestantische Konventualen die Klausur. Im 17. Jahrhundert entstand eine Klosterschule, die mit der Säkularisierung den staatlichen Schulen gleichgestellt wurde. Nach dem Ersten Weltkrieg erfolgte eine Zusammenlegung mit dem Domgymnasium. Als die schweren Zerstörungen aus dem Zweiten Weltkrieg beseitigt waren, bezog die reformierte Gemeinde für einige Jahre die Kirche; die ehemaligen Schulgebäude wurden Museum. Seit 1975 nutzt die Stadt Magdeburg den Klosterkomplex als Kulturzentrum. Die Kirche – eine dreischiffige, romanische Säulenbasilika – wurde zur Konzerthalle umfunktioniert.

Die Klausurgebäude aus dem zweiten Viertel des 12. Jahrhunderts liegen nördlich der Kirche. So grenzt der Süd-Flügel des Kreuzgangs an ihr nördliches Querschiff. Zwischen der Nord-Wand des Chores und dem Kreuzgang-Süd-Flügel liegt die sogenannte „Hochsäulige Kapelle", die nur vom Kreuzgang zugänglich ist. Der Ost-Trakt der Klausur wurde bereits 1631 abgebrochen. Der Nord- und der West-Trakt sind durch Umbauten und Fremdnutzungen stark verändert. In ihnen ist das Kulturhistorische Museum untergebracht.

Der vierflügelige, zweistöckige Kreuzgang umschließt mit einer Größe von ca. 39 m in Ost-West-Richtung und von ca. 32 m in Nord-Süd-Richtung den gesamten Klosterhof. An seinem Ost-Flügel ist der Rundbau eines Brunnenhauses angebaut, dessen Obergeschoss – wahrscheinlich die Klosterbibliothek – nur vom oberen Kreuzgang zu erreichen ist. Diese geschlossene Anlage mit den Resten der Klausurgebäude und der Kirche vermittelt dem Besucher den seltenen Eindruck eines vollständigen romanischen Klosterensembles. Je sechs Arkaden des Ost- und des West-Flügels sowie je neun Arkaden des Nord- und des Süd-Flügels öffnen den Kreuzgang im Erdgeschoss zum Hof. Die weiten Rundbogen werden jeweils durch drei schmale, gekuppelte Bogen auf Säulen mit ornamentierten Kapitellen unterteilt, wobei sich keines der Ornamente wiederholt. Im Obergeschoss sind die Arkaden kleiner und nur zweigeteilt. Der Kreuzgang ist einheitlich durch gurtlose Kreuzgratgewölbe abgedeckt, obwohl an den Innenwänden die zugehörigen Wandvorlagen vorhanden sind. Von der südlichen Innenwand des West-Flügels her wird das angebaute Sommerrefektorium durch vier große Rundbogenfenster und den heutigen Zugang zum Kreuzgang belichtet. Vom West-Flügel aus kann man in den Klosterhof gelangen, in dem im Sommer kulturelle Veranstaltungen stattfinden. Eine Besichtigung des Kreuzganges ist nur durch das Museum möglich.

Marienborn, Bördekreis

In Marienborn entwickelte sich zwischen 1220 und 1230 aus einem zu Ende des 12. Jahrhunderts gegründeten Hospital ein Augustinerinnen-Stift. Der Bau der Kirche wurde kurz darauf begonnen. Mit der Säkularisierung entstand 1794 aus dem kirchlichen Stift ein adeliges Fräuleinstift, das aber schon 16 Jahre später aufgehoben wurde.
Die ehemaligen Klostergebäude liegen nördlich der Kirche. Vom Kreuzgang sind nur Teile des Süd-Flügels und der eineinhalbstöckig überbaute West-Flügel erhalten.
Die rechteckigen Arkaden zum Hof hin sind stark verunklart. Im Innern haben die Öffnungen eine leichte Überwölbung. Der Süd-Flügel wird von einem Pultdach abgedeckt. Im West-Flügel ist eine Holzbalkendecke eingebaut. Reste des Nord- und des Ost-Flügels erkennt man noch an den angrenzenden Mauern. Bei meinem Besuch zu Ende des 20. Jahrhunderts war der gesamte Stiftskomplex äußerst marode und renovierungsbedürftig.

Memleben, Burgenlandkreis

Schon im frühen 9. Jahrhundert wurde Memleben als Standort eines Klosters dokumentiert, dessen Bedeutung aber nicht bekannt ist. Für das 10. Jahrhundert ist dort auch eine königliche Pfalz erwähnt, in der König Heinrich I. starb. Aus diesem Anlass ließ sein Sohn Otto I. die Pfalzkirche Sankt Maria errichten. Auch

Otto I. starb in Memleben und dessen Sohn Kaiser Otto II. stiftete im Jahre 977 ein reichsunmittelbares Benediktiner-Kloster, das auf dem Pfalzgelände errichtet und mit reichen Besitzungen ausgestattet wurde. In Machtkämpfen verlor das Kloster seine kaiserliche Unterstellung und damit an Einfluss. Im 13. Jahrhundert hatte es jedoch wieder einen gewissen Wohlstand erreicht, denn es wurden in der Nähe die neue, wenn auch kleinere Klosterkirche Beatae Mariae Virginis und neue Klausurgebäude errichtet. Nach der Reformation ist das Kloster aufgehoben worden. Sein Landbesitz und das Klostergut wurden der damals gegründeten Fürstenschule Schulpforta übereignet. Ein Brand im 18. Jahrhundert zerstörte die Kirche so, dass sie nur noch als Steinbruch genutzt werden konnte. Erst im 19. Jahrhundert entdeckte man wieder die Schönheit der Ruinen sowohl der beiden Kirchen als auch der Kloster- und Pfalzgebäude. So kann man sie heute noch in einem Park auf dem ummauerten Gelände des ehemaligen Klostergutes besichtigen.

Von der ottonischen Kirche sind nur wenige aufrecht stehende Mauerreste zu erkennen. Insbesondere die Südwand mit ihrem Eingangstor im westlichen Querschiff (sogenanntes „Kaisertor") vermittelt einen Eindruck von der Größe dieses Bauwerkes. Dagegen ist die Ruine der spätromanischen Klosterkirche durch Ergänzungen soweit gesichert, dass der Besucher sich wesentlich besser orientieren kann. Ihre Krypta ist noch vollständig erhalten. Das Klostergeviert schloss sich nördlich der Kirche zwischen ihrem Querhaus und ihrem Westwerk an. West-, Nord- und Ost-Trakt wurden zur Nutzung durch den landwirtschaftlichen Betrieb umgebaut und somit stark verändert.

Der Kreuzgang war einstöckig und vierflügelig. Von seinem Ost-Flügel sind an der hofseitigen Mauer des Ost-Traktes – dem sogenannten „Mönchshaus" – Reste des Eingangsportals zum Kapitelsaal und seiner Rundbogenfenster sowie Balkenlöcher der Decke zu erkennen. An der äußeren Nord-Wand der Kirche findet man

– zwischen den später angesetzten Stützpfeilern – Wandsäulen und Gewölbeansätze, die eine Einwölbung des südlichen Kreuzgangflügels vermuten lassen. Auch die Portale zwischen der Kirche und dem Kreuzgang sind erhalten. Der West- und der Nord-Trakt der Gutsgebäude weisen Spuren auf, die zur Annahme führten, dass beim Bau der zum Hof hin liegenden schmaleren Abschnitte Teile des ehemaligen Kreuzgangs Verwendung fanden.

Merseburg

Dom
Der Domhügel von Merseburg über dem westlichen Ufer der Saale war schon in vorgeschichtlicher Zeit besiedelt. Im südlichen Teil dieses strategischen Punkts – am Übergang der Saale zum slawischen Gebiet – wurde im 10. Jahrhundert eine befestigte Pfalz errichtet. Die im Jahre 963 geweihte Pfalzkirche ist fünf Jahre danach bei der Gründung eines Bistums zur Kathedrale erhoben worden. Sie wurde später durch einen 1015 begonnenen Neubau ersetzt, aus dem der Dom Sankt Johannes der Täufer und Sankt Laurentius hervorgegangen ist. In den späteren Jahrhunderten – insbesondere im 16. Jahrhundert – erfolgten vielfache An- und Umbauten, bis der Dom seine heutige Gestalt erhielt. Auf seiner Nord-Seite schließen sich die drei Flügel des Schlosses an, mit dem er einen repräsentativen Innenhof bildet. Die mittelalterlichen Klausurgebäude lagen südlich des Doms. Von ihnen sind vor allem drei Flügel des frühgotischen Kreuzgangs und Bauten auf der Ost-Seite erhalten.
Der Nord-Flügel des Kreuzgangs war vermutlich zweischiffig und zweistöckig. Er wurde bei dem spätgotischen Umbau des Doms abgebrochen. Zur gleichen Zeit ist das nördlichste Joch des West-Flügels mit einem Netzgewölbe neu errichtet worden. Die Arka-

den der drei übrigen Flügel öffnen mit unvergitterten gedrungenen Spitzbogen zwischen Strebepfeilern zum Hof und stammen wahrscheinlich aus dem 13. Jahrhundert. Die Einwölbung mit Kreuzgraten ohne Konsolen erfolgte bis zur Mitte des 14. Jahrhunderts. Im Ost-Flügel sind im frühen 16. Jahrhundert in einigen Jochen ornamentale Schlusssteine eingesetzt worden. Der Ost- und der Süd-Flügel des Kreuzgangs wurden mit einem Geschoss überbaut. Ältester Teil des Kreuzgangs ist das wohl aus dem 12. Jahrhundert stammende tonnengewölbte Joch des West-Flügels. Diesem ist eine kleine Kapelle vorgelagert, die in der gleichen Zeit errichtet wurde und ursprünglich wahrscheinlich als Brunnenhaus diente. Nach Abbruch des westlichen Klausurtrakts zu Ende des 19. Jahrhunderts sind in die damit freie West-Wand des Kreuzgangs spitzbogige Öffnungen eingebrochen und mit verglasten Maßwerken unterteilt worden, so dass dieser auch vom Domplatz her belichtet wird.

Peterskloster in der Altenburg
In der zweiten Hälfte des 11. Jahrhunderts ist außerhalb des Dom- und Pfalzbezirkes in der Altenburg ein Benediktiner-Kloster gegründet worden. Die Weihe der Kirche Sankt Petri erfolgte im Jahre 1091. Nach der Säkularisierung 1562 verfiel sie sehr bald und wurde als Steinbruch genutzt. Ihr Grundriss ist nur zum Teil ergraben. Die Klausur lag südlich der Kirche. Von ihrem West-Trakt ist noch ein Mauerrest erhalten, an dem Ansätze des Kreuzgangs – Konsolen und Schildbögen aus dem 13. Jahrhundert – zu erkennen sind.

Michaelstein, Stadt Blankenburg, Krs. Wernigerode

Kurz vor Mitte des 12. Jahrhunderts gründeten vom Mittelrhein kommende Zisterzienser das Klosters Michaelstein in einer bereits vorhandenen Klause und in der Nähe eines frühmittelalterlichen Bergbau- und Hüttenstandortes. Doch wenige Jahre später zogen die Mönche schon einige Kilometer talabwärts und erbauten dort die heute noch fast vollständig erhaltenen Klostergebäude. In den Bauernkriegen wurde 1525 die Kirche vollständig zerstört und bis auf ihre südliche, an die Klausur angrenzende Mauer später abgetragen. Auch das Kloster wurde kurz darauf zerstört, jedoch bald wieder aufgebaut. Nach der Reformation übernahmen im Jahre 1543 die Grafen von Blankenburg das Kloster in ihren Besitz und gründeten eine protestantische Klosterschule. Für kurze Zeit bezogen im 17. Jahrhundert Zisterzienser wieder die Gebäude. Ein Jahrhundert später entstand neben der Klosterschule ein Predigerseminar. Das Kollegiatsstift überstand die französische Besatzung nicht, worauf die Klausur von der Domäne – dem ehemaligen Klostergut – als Wirtschaftsgebäude und zu Wohnzwecken genutzt wurde. Nach dem Zweiten Weltkrieg erfolgten ab 1956 umfangreiche Sanierungsmaßnahmen, die Einrichtung einer Kultur- und Forschungsstätte für Musik sowie einer Sammlung historischer Musikinstrumente. Die heutige Stiftung Michaelstein setzt diese Tradition fort und hat durch die Anlage eines mittelalterlichen Klostergartens auch das Umfeld der ehemaligen Klausur dem klösterlichen Ambiente angepasst.

Der um 1270 erbaute, vierflügelige frühgotische Kreuzgang ist vollständig erhalten. Er bildet ein Quadrat und hat die Maße 42 m mal 42 m. Durch den im 14./15. Jahrhundert erfolgten Anbau eines zusätzlichen gleichgestalteten Arkadenganges vor dem Nord-Flügel wirkt er vom Hof aus leicht rechteckig. Alle Kreuzgangflügel sind kreuzgratgewölbt. Zum Kreuzhof hin öffnen sich der Ost-, der Süd- und der West-Flügel durch heute verglaste Spitzbogen auf niedriger Bank zwischen kleinen Strebepfeilern. Breite Nuten und Laibungen weisen auf ehemalige Maßwerke hin. Der Ost- und der Süd-Flügel des Kreuzgangs scheinen – vom Hof her gesehen – ein niedriges Obergeschoss gehabt zu haben. Der West- und der Nord-Flügel mit dem Arkadengang sind einstöckig mit Fachwerk überbaut. Im östlichen Joch des Arkadengangs befindet sich die sogenannte „Abtskapelle", auch als „Tonsur" bezeichnet. Eine Klosterbesichtigung ist nur zu bestimmten Zeiten möglich.

Naumburg (Saale)

Die Stadt Naumburg (neue Burg) wurde um die Wende vom 10. zum 11. Jahrhundert am rechten Ufer der Saale – gegenüber der Unstrut-Mündung – als vorgeschobener Posten im Herrschaftsgebiet der Slawen gegründet. Auf einem erhöhten Punkt ließen die damaligen Markgrafen eine Burg errichten, in deren Schutz sich östlich von ihr die Stadt entwickelte. Im Jahre 1028 wurde sie zum Bischofssitz erhoben. Der erhaltene Dom Sankt Peter und Paul aus dem 13. Jahrhundert ist der Nachfolgebau einer Stiftskirche und eines frühromanischen Domes. Gleichzeitig mit diesem spätromanisch-gotischen Neubau entstand an seiner Nord-Seite ein Kreuzgang, von dem aber nur noch Reste von Rippenansätzen von Gewölbeschildbögen gefunden wurden. Die Klausurbauten mit Kreuzgang auf der Süd-Seite des Domes sind erst in der Mitte des 13. Jahrhunderts begonnen worden.

Der Ost- und der Nord-Flügel des Kreuzgangs stammen aus der Spätromanik. Sein West- und sein Süd-Flügel sind hoch- bis spätgotisch, aber im Stil den beiden älteren Flügeln angeglichen. Der einstöckige Nord-Flügel ist mit einem Pultdach dem südlichen Seitenschiff des Domes vorgebaut. Der West-Flügel wurde mit einem zweistöckigen Klausurgebäude überbaut. Der einstöckige Ost-Flügel besteht nur aus drei Jochen und dem nördlichen Eckjoch. Er lehnt sich mit einem Pultdach an die Vorhalle an, die das Hauptportal des Domes am südlichen Querschiff überdeckt. Auch der Süd-Flügel des Kreuzgangs ist mit seinen fünf Jochen und dem westlichen Eckjoch nicht vollständig. Über seinem östlichen Teil wurde die Stiftskirche Sankt Marien errichtet, von der aber nur der Chor erhalten ist. Ihr Rest ist um die Wende vom 19. zum 20. Jahrhundert durch einen pseudo-mittelalterlichen Gebäudeteil ersetzt worden, der jetzt an den Süd-Flügel des Kreuzgangs anschließt. Alle Kreuzgangflügel sind kreuzgratgewölbt mit ornamentalen Schmucksteinen. Sie öffnen sich zum Hof mit leicht spitzbogigen, gedrungenen, unvergitterten Arkaden zwischen mächtigen Strebepfeilern. Durch das angehobene Niveau erscheint die Bank auf der Hofseite besonders niedrig.

Petersberg, Saale-Holzlandkreis

Steinzeitmenschen jagten bereits auf dem heutigen Petersberg, dessen Porphyrmassiv steil aus der Ebene nördlich der Stadt Halle aufragt. Eine Siedlung aus der Bronzezeit, ein befestigtes slawisches Heiligtum aus dem 9./10. Jahrhundert und eine frühchristliche Kapelle sind dort nachgewiesen. Im Jahre 1124 gründeten die damaligen Grafen ein Augustiner-Chorherrenstift auf dem Lauterberg. (Der Name Petersberg kam erst im 14. Jahrhundert auf.) Der Baubeginn des Stiftes und seiner Kirche wird spätestens zu Beginn des 12. Jahrhunderts vermutet. In den Jahren 1538/1540 wurden das Stift säkularisiert und die Gebäude, einschließlich der Kirche, zweckentfremdet. 1565 zerstörte ein verheerendes Feuer alle Gebäude; diese wurden nur notdürftig wiederhergestellt. Die Reste des zwischenzeitlich als Pfarrkirche genutzten Gotteshauses sind dann aber Mitte des 19. Jahrhunderts vollständig restauriert und die Klausurgebäude als Ruinen gesichert worden. Vom ehemaligen Kreuzgang findet man noch stark verwitterte Fragmente der Wandgliederung an der Außenmauer des südlichen Seitenschiffes der ehemaligen Stiftskirche. Von ihrem mächtigen Westwerk hat der Besucher bei gutem Wetter einen prächtigen Ausblick weit ins Land hinein.

Remkersleben, OT Meyendorf, Bördekreis

Das Zisterzienser-Nonnenkloster in Remkersleben wurde im Jahre 1267 gegründet. 1610 zerstörte ein Brand die gesamte Anlage.

Erst Anfang des 18. Jahrhundert erfolgte der Wiederaufbau, durch den die heutige barocke Gestalt dieses großen Klosterkomplexes bestimmt wird. Die Klosterkirche Sankt Andreas und Maria – heute katholische Pfarrkirche – ist in den südlichen Gebäudetrakt der Klausur eingefügt. 1810 wurde das Kloster säkularisiert. Nach zeitweiliger Nutzung durch das vorherige Klostergut ist in den Klostergebäuden heute ein Altersheim untergebracht.

Von dem vierflügeligen Kreuzgang blieb lediglich ein schlichter Gang im Erdgeschoss übrig. Seine rechteckigen Fenster beleuchten diesen vom quadratischen, ehemaligen Klosterhof her.

Salzwedel, Altmarkkreis Salzwedel

Als sich der Franziskaner-Bettelorden in Salzwedel ansiedelte, war die Stadt noch zweigeteilt. Die Mönche bauten ihr Kloster auf dem sumpfigen Gebiet zwischen den beiden Stadtteilen. Die erste urkundliche Erwähnung ist mit dem Jahr 1280 datiert. Sieben Jahre später wurde auch eine Stiftung zum Bau der Klosterkirche – der sogenannten „Mönchskirche" – dokumentiert; sie ist Mitte des 15. Jahrhunderts vollendet worden. Im Zuge der Reformation fielen Anfang des 16. Jahrhunderts die Klausur und die Klosterkirche an die Stadt Salzwedel. Bis in das 20. Jahrhundert diente die „Mönchskirche" nach mehreren Restaurierungen und Umbauten als protestantische Pfarrkirche, später nutzte man sie auch als Lagerhalle. In den Jahren 1985/1986 erfolgte eine Umgestaltung zum Konzert- und Ausstellungsraum. Die nördlich gelegenen Klausurgebäude dienten von 1541 bis 1882 schulischen Zwecken. Ab 1895 nutzte sie die Stadt Salzwedel als Rathaus und für die Verwaltung.

Vom Kreuzgang hat sich nur der Ost-Flügel erhalten. Er wurde um 1750 mit einem Fachwerkgeschoss überbaut und liegt heute etwa 0,6 m unter Flur. Deshalb wirken die spitzbogigen modern verglasten Arkaden zwischen mächtigen Strebepfeilern vom Innenhof her sehr gedrungen. Der nördliche Teil des Kreuzgangflügels ist kreuzrippengewölbt auf einfachen Konsolen. Den südlichen Teil decken Kreuzgewölbe ab. Eine Besichtigung des Kreuzganges ist nicht möglich, da in ihm Teile des städtischen Archivs untergebracht sind.

Schulpforte, Stadt Bad Kösen, Burgenlandkreis

Im Jahre 1137 wurde ein Zisterzienserkloster nach Porta – dem heutigen Schulpforte – verlegt. Der Konvent war schon 1128 in Schmölln bei Altenburg als Kloster des Benediktiner-Ordens gegründet und kurz darauf mit Zisterziensern aus Walkenried belegt worden. Im 14. und 15. Jahrhundert entwickelte sich Schulpforte (oder Schulpforta) zu einem der reichsten Klöster im mitteldeutschen Raum. In Folge der Reformation löste der sächsische König das Kloster im Jahre 1540 auf und gründete dort 1543 eine Schule vornehmlich zur Ausbildung von Adeligen, die dem Regenten und der Kirche dienen sollten. Mehrere Jahrhunderte lang war der Betrieb der Lehranstalt klösterlich organisiert. Eine Vielzahl historisch bekannter Persönlichkeiten erhielt hier ihre Ausbildung. Um das Niveau dieser weltbekannten Schule zu erhalten, erfolgten bis in die Neuzeit zahlreiche Um- und Anbauten. Schulpforta diente dem jeweiligen Regime als Eliteschule. Seit 1990/1991 ist sie die Sächsische Landes- und Heimoberschule.

Das Schicksal der Klosterkirche Sankt Maria und Johannes der Täufer ist im Laufe der Jahrhunderte geprägt durch vielfache Erweiterungen, aber auch durch große Zerstörungen. Ihre vornehmlich gotischen Bauelemente zeigen sich heute wieder in gutem Zustand. Teile aus der romanischen Vergangenheit der Kirche (frühes 12. Jahrhundert) sind noch deutlich zu erkennen.

Die mittelalterlichen Klausurgebäude liegen nördlich der Kirche. Der vierflügelige Kreuzgang mit den Maßen von ca. 33 m in ost-westlicher Richtung und ca. 30 m von Norden nach Süden ist vollständig erhalten. Sein Süd-, sein Ost- und sein Nord-Flügel stammen im wesentlichen aus der Mitte des 12. Jahrhunderts, vor allem die Arkadenpfeiler und die Sockelmauer (Bank). Der Süd-Flügel ist zweischiffig. Die westliche Wand des Ost-Flügels wurde Anfang des 18. Jahrhunderts abgerissen und die neue Wand um 2,3 m nach Westen versetzt wieder aufgebaut. Ursprünglich war der Kreuzgang insgesamt flachgedeckt. Bei einem Umbau im 13. Jahrhundert wurden wahrscheinlich die ersten Gewölbe eingezogen und Strebepfeiler gesetzt. Die Kreuzgratgewölbe im Süd-, Ost- und Nord-Flügel, die mittlere Säulenreihe des Süd-Flügels und die Reste von Fresken im Nord-Flügel stammen jedoch vom Ende des 16. Jahrhunderts. Wie an den Öffnungen noch zu erkennen, waren die rundbogigen Arkaden ursprünglich mit Dreipassfüllungen auf Säulen ausgestattet; heute sind sie leer und unverglast. Im nördlichen Teil des West-Flügels sind zwei Arkaden bis zum Boden geöffnet, was auf den Durchgang zu einem verlorengegangenen Brunnenhaus hinweisen könnte. Der Kreuzgang ist in allen Flügeln mit ein oder zwei Stockwerken überbaut.

Stendal

Die ehemalige Hansestadt Stendal ist im Mittelalter insbesondere durch den Tuchhandel reich geworden. Im Süden der Kernstadt liegt der Dombezirk. Sechs klösterliche Stiftungen sind in Stendal nachgewiesen, aber nur noch Relikte von zwei Kreuzgängen blieben erhalten: vom Dom und vom Kloster Sankt Katharinen.

Dom

Im Jahre 1188 wurde in Stendal ein Augustiner-Chorherrenstift gegründet und mit dem Bau der Klausur und des mächtigen Backsteindomes St. Nikolaus begonnen, der 1258 geweiht wurde. Die Vollendung des heutigen Domes kann aber erst zur Mitte des 15. Jahrhunderts datiert werden. Mit der Reformation wurde der Dom im Jahre 1558 protestantisch.
Die Klausur lag südlich des Domes. Von ihr sind nur noch Reste des Erdgeschosses aus dem 13. Jahrhundert und Teile des Kreuzgang-Süd-Flügels erhalten. Der gotische Kreuzgang stammt aus dem 13. Jahrhundert. Es ist anzunehmen, dass er ursprünglich vier Flügel hatte. Die fünf erhaltenen Joche des Süd-Flügels sind kreuzgratgewölbt auf einfachen Schmuckkonsolen. Zum Hof hin öffnet er sich mit breiten Spitzbogenarkaden, die jeweils mit zwei hohen Säulen und einem Kleeblattbogen ausgefüllt und heute von innen verglast sind. Das Außenniveau ist stark aufgeschüttet. Eine verhältnismäßig niedrige Bank ist somit nur im Innern zu erkennen. Die mächtigen Strebepfeiler zwischen den Arkaden und das aufgesetzte Stockwerk über dem Kreuzgangrest stammen aus der zweiten Hälfte des 15. Jahrhunderts.

Kloster Sankt Katharinen

Im Jahre 1456 gründete der damalige Kurfürst von Brandenburg ein Kloster für Benediktinerinnen, in das aber kurz darauf Augustiner-Chorfrauen und später wieder reformierte Benediktinerinnen einzogen. Nach 1539 wurde das Kloster Sankt Katharinen evangelisches Damenstift. Seit 1963 ist dort das Altmärkische Heimatmuseum untergebracht. Die Klosterkirche wird heute als Konzert- und Vortragssaal genutzt. Durch die neue Nutzung waren umfassende Umbauten notwendig.
Die Klausurgebäude lagen nördlich der Kirche. Von ihnen sind lediglich der West- und ein Rest des Süd-Traktes erhalten, in denen

Teile des zweistöckigen, sehr schmalen Kreuzgangs aus dem Ende des 15. Jahrhunderts integriert sind. Sie werden von Kreuzgratgewölben auf schlichten Konsolen abgedeckt. Die mit Backsteinen gemauerten, weiten spitzbogigen Arkaden sind dreifach unterteilt und verglast. Erd- und Obergeschoss des West-Flügels werden nach der 1998 begonnen Restaurierung zu Museumszwecken genutzt. Das Erdgeschoss des Süd-Flügels ist den Veranstaltungsräumen zugeordnet.

Weißenfels

Die Ackerbürger-, Handwerker- und Fischersiedlung Weißenfels ist im 11. Jahrhundert auf dem rechten Ufer der Saale gegründet worden. Sie lag damit als Vorposten auf dem Gebiet der Wenden und wurde deshalb durch ein Kastell geschützt. Im Jahre 1285 gründeten Franziskanerinnen in Weißenfels das Kloster Sankt Clara. Nach der Reformation war es kurze Zeit ein weltliches Frauenstift und später ab dem Jahr 1664 ein Gymnasium. Nach dem Zweiten Weltkrieg wurde das Kirchenschiff zu Wohnzwecken umfunktioniert. Weil die Kreis-Volkspolizei die Klausurgebäude für ihre Zwecke benutzte, waren vielfache Umbauten notwendig, unter anderem der Einbau von Haftzellen. Nach der „Wende" standen die Gebäude leer und verfielen. Die Stadtverwaltung plant eine grundlegende Restaurierung, jedoch ist noch keine sinnvolle Nutzung für den Gebäudekomplex gefunden worden.

Die dreiflügelige Klausur lag nördlich der Kirche. Der Kreuzgang ist nur in Resten erhalten und besteht aus einem Ost-, einem Süd- und einem West-Flügel. Er ist zum Teil von Kreuzgrat-, zum Teil von Sterngewölben überdeckt. Die leicht spitzbogigen Arkaden sind teilweise durch zweigeteilte Pseudo-Renaissance-Füllungen verglast. Der Ost- und der Süd-Flügel wurden mehrstöckig überbaut. Der West-Flügel wird von einem hohen Spitzdach abgedeckt. Im verhältnismäßig kleinen Hof steht ein achteckiges, barockes Brunnenhaus.

Zeitz, Burgenlandkreis

Die Stadt Zeitz wurde erstmals urkundlich im Jahre 967 erwähnt. Schon im frühen Mittelalter war sie ein wichtiger Fernhandelsplatz; später entwickelte sich dort eine bedeutende Textilindustrie. Ab dem 10. Jahrhundert entstand auf einem Bergvorsprung oberhalb der Weißen Elster eine Bischofsburg. Südlich des Domes haben bis heute Teile eines Kreuzgangs überlebt. In der ersten Hälfte des 13. Jahrhunderts kamen Mönche des Bettelordens der Franziskaner in die Stadt. Im Süden ihres ehemaligen Klosters findet man Reste des zweiten Kreuzgangs von Zeitz.

Dom

Der Dombezirk und das Schloß Moritzburg liegen als ein eng zusammenhängender Gebäudekomplex auf dem Schlossberg. Die Gründung des Bistums Zeitz erfolgte im Jahre 968. Reste der frühmittelalterlichen Domkirche sind durch archäologische Befunde nachgewiesen. Doch schon nach 60 Jahren wurde der Bischofssitz nach Naumburg verlegt. Die Kanoniker des in Zeitz verbliebenen Kollegiatsstiftes begannen jedoch bald darauf mit dem Bau der Stiftskirche Sankt Peter und Paul, der aber erst zu Ende des 15. Jahrhunderts in seiner heutigen Gestalt abgeschlossen werden konnte. Im 17. Jahrhundert erklärte der Herzog Zeitz zu seiner Residenz und ließ ab dem Jahre 1657 die nach ihm benannte Moritzburg als Barockschloss erbauen. Die Stiftskirche wurde Schlosskirche, die heute von der katholischen Gemeinde Sankt Peter und Paul als Pfarrkirche genutzt wird. Ab dem 11. Jahrhundert entwickelten sich südlich des Domes die Konventsgebäude.

Mit den ersten Stiftsbauten wurde um den fast quadratischen Innenhof auch ein romanischer Kreuzgang errichtet, von dem aber nur noch wenige Reste zu finden sind. Vom 13. bis zum 15. Jahrhunderts erfuhr der Dom vielfache An- und Umbauten. Gleichzeitig ist der Kreuzgang einheitlich im gotischen Stil umgestaltet worden. Sein Nord-Flügel wurde in den Dom einbezogen. Der Süd-Flügel ist einstöckig überbaut. Der Ost-Flügel wird von einem Pultdach abgedeckt. Mit dem Bau der Moritzburg wurde in den Jahren von 1660 bis 1670 der West-Flügel abgerissen und durch den Süd-Trakt des Schlosses ersetzt. Die Kreuzrippengewölbe aller Flügel werden von einfachen Konsolen getragen und durch Schlusssteine geschlossen, die mit pflanzlichen Ornamenten verziert sind. In die spitzbogigen Arkaden sind dreigeteilte gotische Maßwerke eingestellt, die 1999 im Zuge der Restaurierung des Kreuzgangs rekonstruiert wurden. Im Nord-Flügel findet man noch Reste von gotischen Ausmalungen.

Franziskaner-Kloster
Das gotische Franziskaner-Kloster Sankt Antonius und Sankt Clara liegt im mittelalterlichen Stadtkern von Zeitz. Es wurde im Zuge der Reformation im Jahre 1541 aufgehoben und ein Jahr später in eine Stiftsschule – das spätere Stiftsgymnasium – umgewandelt. Die Entstehungsgeschichte der Klosterkirche ist ungeklärt. Die ehemaligen Klausurgebäude, die südlich der Kirche liegen, stammen aus dem 14. und 15. Jahrhundert und wurden in nachmittelalterlicher Zeit stark verändert. In den neunziger Jahren wurde das ehemalige Kloster als leerstehendes, verwahrlostes Schulgebäude von mir angetroffen, in dem Restauratoren gerade eine Bestandsaufnahme durchführten.
Der vierflügelige Kreuzgang umschließt einen etwas verschobenen, fast rechteckigen Hof und war wohl ursprünglich flach gedeckt. Die Kreuzrippengewölbe wurden erst um das Jahr 1500 eingezo-

gen. Die Rippen bestehen aus Doppelkehlprofilen in Ziegelmauerung. Die Gewölbe des Nord-Flügels sind stark zerstört, die des Süd-Flügels wurden teilweise durch barocke Gurtgewölbe ersetzt. Der Nord-Flügel ist in die Kirche integriert; die anderen drei Flügel sind einstöckig überbaut. Von den dreiteiligen gotischen Maßwerken sind nur wenige erhalten; der Rest wurde 1908 durch eine unterteilte Verglasung ersetzt. An den West-Flügel lehnt sich ein zweigeschossiges Brunnenhaus an.

Zerbst, Krs. Anhalt Zerbst

Die Stadt Zerbst entstand im frühen Mittelalter aus fünf einzelnen Siedlungen, die als Urbs Zirwisti bereits im Jahre 1007 urkundlich erwähnt worden ist. Zu Beginn des 17. Jahrhunderts wurde Zerbst selbständiges Fürstentum. Eine am Hof aufgewachsene Prinzessin heiratete den russischen Zaren und regierte von 1762 bis zu ihrem Tode 1796 als Katharina II. das russische Reich. Etwa im Jahr 1235 bezogen Franziskaner ihr Kloster Sankt Johann im Osten des mittelalterlichen Stadtkerns von Zerbst. Ihre damaligen Gebäude wurden jedoch erst Mitte des 13. Jahrhunderts vollendet. Ebenfalls um diese Zeit ist die Klosterkirche in Backsteinbauweise auf einem Hausteinsockel errichtet worden, wovon noch Reste in dem im 15. Jahrhundert zum großen Teil erweiterten Gotteshaus zeugen. Im Süden schlossen sich die Klausurgebäude an, die ihre heutige Gestalt im wesentlichen auch im 15. Jahrhundert erhielten und zwei Höfe mit je einem Kreuzgang umschließen. Nach der Reformation vertrieben im Jahre 1526 Brauknechte die letzten Mönche aus ihrem Kloster, weil befürchtet wurde, dass die Kleinodien, die die Brauerinnung dem Kloster im Laufe der Jahre gestiftet hatten, aus der Stadt verschwinden würden.

Um 1530 ist in den Klostergebäuden eine Lateinschule (Johannisschule) untergebracht worden, die fünfzig Jahre später in ein akademisches Gymnasium (Gymnasium illustre) umgewandelt wurde. Der „Karzer" – eine Haftzelle für aufsässige Studenten – war im Kreuzgang untergebracht. In unterschiedlichen Schulformen, unter verschiedenen Regierungen und somit wechselnden Namen wird der Schulbetrieb bis heute weiter geführt – wenn auch im 20. Jahrhundert an anderer Stelle. Das ehemalige Franziskaner-Kloster (Haus Weinberg 1) überstand – als eines der wenigen historischen Gebäude – den Bombenangriff am 16. April 1945 fast unbeschadet, bei dem die Stadt Zerbst zu etwa achtzig Prozent zerstört wurde. Heute nutzt die Stadt die Klausur als Verwaltungsgebäude und Archiv. Anlässlich der 1000-Jahrfeier von Zerbst ist dort eine Ausstellung zur Stadtgeschichte gezeigt worden, die sich im Laufe der Jahre zu dem stattlichen Heimatmuseum Zerbst ausgeweitet hat. Dieses fand insbesondere in den Kreuzgängen und den anschließenden Räumen seine Heimstatt. Eine Besichtigung der Kreuzgänge kann somit nur mit einem Museumsbesuch verbunden werden.

Der „Große Kreuzgang" lehnt sich südlich an die ehemalige Klosterkirche an, in die bei einem Umbau zu Ende des 18. Jahrhunderts sein Nord-Flügel integriert wurde. Der Süd- und der Ost-Flügel sind einstöckig, der West-Flügel ist zweistöckig überbaut. Der „Kleine Kreuzgang" schließt im Süden an den „Großen Kreuzgang" an und besteht somit nur aus einem West-, einem Süd- und einem Ost-Flügel, die alle mit einem Stockwerk überbaut sind. Insgesamt werden die beiden Kreuzgänge von Kreuzgratgewölben (ohne Konsolen) überdeckt. Die gekehlten Gurte sind in Backsteinmauerung ausgeführt. Die ehemaligen rund- oder leicht spitzbogigen Arkaden wurden zum Hof hin durch zumeist sechsfach geteilte, rechteckige, verglaste Steinbalken-Fenster (sogenannte „gotische Fenster") ersetzt.

Schleswig-Holstein

Im Bundesland Schleswig-Holstein ist die Zahl von Kreuzgängen oder deren Reste, die heute noch erhalten sind, verhältnismäßig gering. Von dreizehn Kreuzgängen sind acht fast vollständig erhalten; bei den restlichen findet man nur noch Relikte.

Cismar, Krs. Ostholstein

Im Jahre 1237 sollten die Lübecker Benediktiner wegen ihres freien Lebenswandels in das entlegene Cicimeresthorp (das heutige Cismar) strafversetzt werden. Der Konvent widersetzte sich jedoch den Maßregelungen. Er beugte sich erst nach einem Kirchenbann sowie dem Entzug des Predigeramtes in Lübeck und zog 1256 nach Cismar. Durch die Reformation wurde das Kloster im Jahre 1544 aufgehoben und ab 1560 als herzogliches Jagdschloss und Sommersitz genutzt.

Die Klosterkirche Sankt Maria und Sankt Johannes Evangelist hatte beachtliche Ausmaße. In der zweiten Hälfte des 18. Jahrhunderts ist ihr westlicher Teil zum Sitz eines Amtmannes umgebaut worden. Die südlich der ehemaligen Kirche gelegenen Klausurgebäude aus dem 13. Jahrhundert verschwanden, sind aber durch Grabungen nachgewiesen. An Stelle des Ost- und des Süd-Traktes wurden neue Gebäude errichtet, die aber noch mittelalterliche Bauteile enthalten. So erkennt man an den dem Hof zugewandten Wänden Spuren der Kreuzganggewölbe. Der Grundriss des Kreuzgangs ist in der Pflasterung des quadratischen Hofes dokumentiert. Der östliche Teil der ehemaligen Klosterkirche, der Chor, wird heute als evangelische Kirche genutzt. In das übrige Klosterareal zog eine Nebenstelle des Schleswig-Holsteinischen Landesmuseums zu Schleswig ein.

Itzehoe

Itzehoe wurde im Jahre 810 als Brückenkopf des Kaiserreichs Franken nördlich der Elbe gegründet. Da die Stadt am Kreuzungspunkt wichtiger Verkehrswege lag, entwickelte sie sich schon im Mittelalter zu einem bedeutenden Handelsplatz und im 20. Jahrhundert zu einem wichtigen Industriezentrum.
Am nordwestlichen Rand der mittelalterlichen Stadt wurde im Jahre 1256 die Kirche Sankt Laurentius – 1196 bereits erstmals erwähnt – dem Zisterzienserinnen-Konvent Sankt Maria unterstellt und dreißig Jahre später sogar übereignet. Die Nonnen kamen aus einem Kloster, das um 1230 in dem etwa 15 km südöstlich an der Stör-Mündung gelegenen Ort Ivenfleth gestiftet worden war. In Itzehoe bauten sie ihre Klausur nördlich der Kirche, die – vermutlich im späten 15. Jahrhundert – durch einen stattlichen Neubau ersetzt wurde. Die Klosteranlage entsprach in ihren Abmessungen in etwa dem heute noch zu erkennenden Klosterhof. Durch die Reformation erfolgte Mitte des 16. Jahrhunderts eine Umwandlung des Konvents in ein evangelisches Damenstift. Ein Brand zerstörte im Jahre 1657 die ehemaligen Klausurbauten fast vollständig. Lediglich ein Teil des an die Kirche angebauten romanischen Süd-Flügel des Kreuzgangs blieb verschont.
Es ist anzunehmen, dass der Kreuzgang ursprünglich einen quadratischen Grundriss hatte. Sein Süd-Flügel lehnt sich unter einem Pultdach an die ehemalige Klosterkirche an, die heute als evangelisches Gotteshaus genutzt wird. Die sieben erhaltenen

backsteingemauerten Joche sind kreuzgratgewölbt und öffnen zum Hof hin mit schlichten Rundbogen. Im Volksmund wird der Süd-Flügel „Partich" genannt. Entweder stammt der Name von „Porticus" (Pforte), da dort der Zugang der Nonnen zur Kirche war, oder von dem plattdeutschen Wort „Pad", gleichbedeutend mit „Pfad" im Hochdeutschen. In der kirchenseitigen Wand des „Partich" sind mehrere Epitaphien (Gedenktafeln) eingemauert, die an verstorbene Äbtissinnen und in der Kirche bestattete reiche Bürger erinnern.

Kiel

Schon einige Jahre nach der Gründung des Ortes Tom Kyl (heute Kiel) ließen sich um das Jahr 1233 Franziskaner-Mönche dort nieder. Sie erbauten ihre Klausur in der Mitte des 13. Jahrhunderts. In Folge der Reformation wurden 1530 der Konvent aufgelöst und die Gebäude der Stadt übertragen. Später sind sie von der Universität Kiel genutzt worden. Durch Kriegseinwirkungen erfolgte 1943 eine fast vollständige Zerstörung der frühgotischen Klosterkirche und der gleichzeitig erbauten Klausur. Lediglich Teile des West-Traktes mit dem Refektorium und fünf Joche des anliegenden Kreuzgangs blieben erhalten. Sie waren in nachmittelalterlicher Zeit mit einem Stockwerk unter einem gemeinsamen Satteldach überbaut worden und dienen heute als theologisches Studienhaus.

Der Rest des Kreuzgangs wird von Kreuzrippengewölben mit Birnstabrippen auf Konsolen überdeckt. Zum ehemaligen Hof hin öffnet er sich durch schmale, leicht spitzbogige, heute verglaste Arkaden zwischen mächtigen Strebepfeilern, die die beiden Geschosse abstützen.

Lübeck

Mit dem Bau einer Burganlage im Jahre 1143 begann die Geschichte der Stadt Lübeck, die in den anderthalb Jahrhunderten darauf zur zweitgrößten Stadt Deutschlands nach Köln anwuchs. Mächtige Backsteinbauten wie der Dom und die von den Bürgern errichtete Marktkirche Sankt Marien bestimmen noch heute das Bild der ehemaligen Hansestadt. Der mittelalterlich geprägte Stadtkern liegt auf einer von der Trave und dem Stadtgraben umflossenen Insel, auf der der Besucher noch an fünf Orten Kreuzgänge aufsuchen kann.

Dom

Der Dombezirk befindet sich im Süden der Altstadtinsel. Im Jahre 1163 wurde der Bischofssitz Ostholsteins von dem unbedeutenderen Ort Oldenburg nach Lübeck verlegt. Zehn Jahre später erfolgte die Grundsteinlegung eines steinernen Domes, der eine wahrscheinlich hölzerne Kirche ablösen sollte. Vermutlich durch einen Wechsel in der weltlichen Herrschaft verzögerte sich der Bau, so dass der romanische Dom erst im Jahre 1247 auf den Namen Jungfrau Maria, Sankt Johannes der Täufer und Sankt Nikolaus geweiht werden konnte. Das Domkapitel beschloss – sicherlich auch aufgrund des Baus der gotischen Marktkirche Sankt Marien im dritten Drittel des 13. Jahrhunderts – einen Umbau des Domes zu einer gotischen Kathedrale, die 1335 vollendet werden konnte. Spätere Baumaßnahmen veränderten das Bild des Domes kaum. Im Jahre 1942 richtete ein Bombenangriff auf die Stadt Lübeck auch schwere Schäden am Dom an, die nach dem Krieg erst sukzessive beseitigt werden konnten. Auch die südlich gelegenen Stiftsgebäude des Domkapitels wurden so stark zerstört, dass sie nur zum Teil restauriert werden konnten. In ihnen ist heute das Dommuseum untergebracht.

Vom Kreuzgang sind nur noch fünf von ehemals sieben Jochen des Ost-Flügels erhalten. Sie wurden um 1250 in spätromanischem Stil errichtet, sind jetzt jedoch stark verändert. Der Ost-Flügel grenzt an das südliche Querschiff des Domes und lehnte sich ursprünglich an ein verloren gegangenes Konventsgebäude an. Heute stehen seine Reste frei unter einem Flachdach. Die östliche Wand des vierten Joches wurde als Gang durchbrochen. Kreuzrippengewölbe auf stark vortretenden Wandvorlagen decken das Kreuzgangteil ab. Die in Backstein gemauerten Arkaden sind leicht gespitzt. Die Hofseite wird durch breite, mit Rundbogenfriesen verbundene Lisenen gegliedert.

Augustinerinnen-Kloster
Knapp einen halben Kilometer nördlich des Domes liegt das ehemalige Kloster Sankt Annen. Es wurde von 1502 bis 1515 für die Nonnen des Augustiner-Ordens erbaut, die jedoch schon im Jahre 1532 durch die Reformation ihr Kloster wieder verlassen mussten. Ab Anfang des 17. Jahrhunderts dienten die Gebäude als Armen- und Werkhaus, später auch als Zuchthaus. Ein Brand beschädigte 1843 das Obergeschoss der Klausur und die nördlich davon gelegene Kirche, deren Ruine dreißig Jahre später abgetragen wurde. Seit 1915 ist in den restaurierten Klausurgebäuden das Museum für Kunst und Kulturgeschichte der Hansestadt Lübeck untergebracht. Alle vier Flügel des rechteckigen Kreuzgangs sind von den Koventsgebäuden überbaut. Er wurde mehrfach geändert und erweitert. Die Kreuzrippengewölbe ruhen auf Terrakotta- oder Sandsteinkonsolen mit floralem und figürlichem Schmuck. Zum Hof öffnet sich der Kreuzgang mit großen, meist dreiteiligen, verglasten Spitzbogenfenstern, die zum Teil zwischen zweistöckigen Strebepfeilern liegen. In der Ost-Ecke sind die Reste eines Treppenvorbaus über zwei unterschiedlich hohen Bogen zu erkennen.

Franziskaner-Kloster
Bereits im Jahre 1225 erhielten Franziskaner-Mönche ein Grundstück zur Errichtung ihres Klosters Sankt Katharinen. Von der ersten Anlage sind keine Reste erhalten. Sie wurde ab Anfang des 14. Jahrhunderts, beginnend mit der Kirche, nach und nach erneuert. Im Pestjahr 1350 liefen aber so viele Spenden ein, dass ca. zehn Jahre darauf die Bauarbeiten abgeschlossen werden konnten. Im Zuge der Reformation wurde 1531 die Klausur in eine städtische Lateinschule umgewandelt. Später ist im ehemaligen Dormitorium die Stadtbibliothek untergebracht worden. Für diese Nutzungsänderungen waren vielfache Umbauten notwendig. Die Klosterkirche blieb nur bis Anfang des 19. Jahrhunderts Gotteshaus. Danach war sie zeitweise Messe- und Ausstellungshalle. Ab 1926 wird sie als Museum und ab 1942 – wegen Kriegszerstörung der Kirchen Sankt Marien und Sankt Petri – wieder als Gotteshaus genutzt. Seit 1982 ist sie Teil des städtischen Museums für Kunst und Kulturgeschichte, steht aber auch für Schulfeiern und als Veranstaltungsraum zur Verfügung. Die ehemaligen Klausurgebäude mussten im letzten Drittel des 19. Jahrhunderts teilweise dem neugotischen Gymnasium Katharineum weichen, jedoch konnten wesentliche alte Bauteile in den Neubau integriert werden.
Die Schulgebäude sind um zwei rechteckige Höfe angeordnet, in denen man noch deutlich die ehemalige Funktion von Kreuzgängen erkennen kann. Der östlich gelegene Kreuzgang besteht aus einem Ost-, einem Süd- und einem West-Flügel und schließt direkt an das südliche Seitenschiff der Kirche an. Seine drei Flügel sind

zweigeschossig und werden im Erdgeschoss von Kreuzrippengewölben auf einfachen Konsolen und zum Teil mit Laubwerk geschmückten Schlusssteinen überdeckt. Der etwas kleinere südliche Kreuzhof hat in seinem recht schmalen Nord-Flügel eine gemeinsame Wand mit dem Süd-Flügel des größeren nördlichen Hofes. Sein Ost-Flügel ist ebenfalls schmal. Der Süd-Flügel fehlt. Der Ost- und der West-Flügel bilden die Fortsetzung der entsprechenden Flügel des nördlichen Kreuzgangs. Zum Hof hin öffnen sich die beiden Kreuzgänge mit dreigeteilten, leicht spitzbogigen Fenstern, die heute verglast sind und zwischen Strebepfeilern liegen. Wegen des Schulbetriebes ist eine Besichtigung der Kreuzgänge nicht möglich.

Burgkloster
Im Jahre 1229 kamen Dominikaner-Mönche nach Lübeck und begannen mit dem Bau ihres Klosters Sankt Maria Magdalena, das auf dem Gelände einer zerstörten Grafenburg gelegen war und deshalb „Burgkloster" genannt wird. Durch den Stadtbrand von 1276 wurden wahrscheinlich die Arbeiten verzögert, so dass die Kirche erst 1319 geweiht werden konnte. Die drei Trakte der Klausur lagen nördlich der Kirche, die wegen starker Bauschäden zu Anfang des 19. Jahrhunderts abgebrochen werden musste. Im 15. und 16. Jahrhundert wurden noch einmal umfangreiche An- und Umbauten der Klausur durchgeführt. Die Reformation in Lübeck 1530/ 1531 bedeutete das Ende des Klosters, das fortan als Armenhaus diente. Ende des 19. Jahrhunderts wurde die ehemalige Klausur zu Gerichtsgebäuden mit entsprechenden Sälen, Büros und Gefängniszellen umgebaut. Als das Ge-

richt 1962 verlegt wurde, verfielen die ehemaligen Klostergebäude zusehends. Erst 14 Jahre später konnte mit der grundlegenden Restaurierung begonnen werden. Heute ist in der Klausur ein Kulturzentrum mit Austellungs- und Vortragsräumen untergebracht. Der vierflügelige Kreuzgang wurde etwa Mitte des 14. Jahrhunderts fertiggestellt und hat die Maße von ca. 27 m in Ost-West- und von ca. 23 m in Nord-Süd-Richtung. Sein Ost-, sein Nord- und sein West-Flügel sind von Klausurtrakten überbaut. Die durch die artfremde Nutzung des Kreuzgangs bedingten starken Veränderungen sind beseitigt. Der Süd-Flügel lehnt sich an die erhaltene nördliche Seitenschiffwand der abgebrochenen Klosterkirche an und ist mit einem Pultdach gedeckt. Alle Flügel sind fast einheitlich gestaltet. Kreuzrippengewölbe liegen auf reich verzierten Stuckkonsolen auf. Auch die Schlusssteine zeigen vielfältige bildliche Darstellungen. Verglaste, dreibahnige Spitzbogenfenster, die im Hof zwischen Strebepfeilern liegen, bringen Licht in den gotischen Kreuzgang.

Heilig-Geist-Hospital
Das Heilig-Geist-Hospital wurde von Lübecker Bürgern und dem Rat der Stadt im ersten Drittel des 13. Jahrhunderts begründet. Es steht also weder mit einem klösterlichen Orden oder einer Bruderschaft gleichen Namens in Verbindung. Das erste Hospitalgebäude entstand an anderer Stelle der Stadt, wurde aber 1289 verkauft, nachdem ein größerer und schönerer Hospitalneubau im Jahre 1286 bezogen werden konnte. Die Ähnlichkeit mit einem Klosterkomplex und auch die prächtige Hospitalkirche führten zu Auseinandersetzungen zwischen dem Bischof und der Stadt. Etwa zu gleicher Zeit gab es zwischen den beiden Parteien auch einen Streit über den Bau der bürgerlichen Marktkirche Sankt Marien.
Die Hospitalgebäude schließen mehrere Innenhöfe ein. An dem südöstliche Seitenschiff der Kirche liegt der sogenannte „Frauenhof". In ihm wurden auf der Süd-West- und der Nord-West-Seite an die Hospitalgebäude je ein durch ein Pultdach abgedeckter Gang angebaut. Beide Gänge gehen ineinander über und haben Kreuzgratgewölbe. Sie werden vom Hof durch dreibahnige, verglaste, große Spitzbogenfenster beleuchtet, die auf einer niedri-

gen Bank aufsitzen. Die Verbindungsgänge besitzen somit eine
große – wahrscheinlich von den Bauherren gewollte – Ähnlichkeit
mit klösterlichen oder Stifts-Kreuzgängen. Sie werden in der Literatur zum Teil auch als „Kreuzgänge" bezeichnet. Beide Gänge
sind unterkellert. Wenn es sich auch nicht um den Teil eines Kreuzganges (im eigentlichen Sinne) handelt, so wird dem Besucher
doch eine Besichtigung des Heilig-Geist-Hospitals empfohlen. Er
findet hier ein überaus interessantes Schmuckstück norddeutscher
Backstein-Baukunst des Mittelalters.

Ratzeburg, Krs. Herzogtum Lauenburg

Der Ort Ratzeburg wurde erstmalig im Jahre 1062 urkundlich erwähnt, als dort eine Burg dem damaligen Sachsenherzog übereignet wurde. Kurz darauf erfolgte die Gründung des Bistums Ratzeburg. Der große Slawenaufstand von 1066 unterbrach die weitere Missionierung des Landes, so dass erst im Jahre 1154 ein Bischof eingesetzt werden konnte. Im 13. Jahrhundert entstand im Schutze der Burg auf einer Insel im südlichen Teil des Ratzeburger Sees der gotische Dombezirk. Der Dom liegt hoch über dem See auf einer Landzunge im Norden der Insel. Die für den Prämonstratenser-Konvent erbauten Gebäude sind nördlich des Doms angeordnet. Zu Ende des 19. Jahrhunderts erfolgte eine grundlegende Restaurierung der Konventsgebäude, bei der wesentliche Änderungen am Gesamtbild vorgenommen wurden.

Der Nord-Flügel und der etwas ältere Ost-Flügel des dreiflügeligen Kreuzgangs sind von zweistöckigen Konventsgebäuden überbaut. Der West-Flügel steht frei unter einem Pultdach. Alle Flügel sind kreuzrippengewölbt. Sie öffnen zum Hof mit dreipassgeteilten, heute verglasten Fenstern zwischen Strebepfeilern. Im Ost-Flügel sind noch spätromanische Bauteile – wie die Rundbogen zum Hof – erhalten. Die Wandmalereien im Nord-Flügel stammen aus dem 14. Jahrhundert; sie wurden im 19. Jahrhundert übermäßig stark restauriert. Im Kreuzhof, in der Mitte des West-Flügels, steht auf einem Strebepfeiler eine eindrucksvolle Skulptur des Bildhauers Ernst Barlach.

Schleswig

Schleswig wurde erstmals im Jahre 804 als Sliastorp und später als Haithabu erwähnt. Der zur Wikingerzeit bedeutende Handelsplatz südlich der Schlei ist nach Verwüstungen im 11. Jahrhundert an das Nordufer des Flusses verlegt worden. Um 1100 erhielt er das Stadtrecht. Durch die damalige Machtpolitik war das 947 in Schleswig gegründete Bistum von 1103 an einige Jahrzehnte dem dänischen, später schwedischen Erzbistum Lund unterstellt. In Schleswig findet man neben dem Kreuzgang des Domes noch je einen in den Klöstern Sankt Johannis und Sankt Paulus.

Dom
Mit dem Bau eines romanische Domes wurde in Schleswig wahrscheinlich im ersten Drittel des 12. Jahrhunderts begonnen; seine Einwölbung war Mitte des 13. Jahrhunderts vollendet. Immer wieder erfolgten grundlegende Umbauten, so dass heute der Dom Sankt Peter sich vornehmlich als eine dreischiffige, gotische Hallenkirche in norddeutscher Backstein-Bauweise darstellt, in der aber die romanischen Bauelemente noch sehr wohl ihr Gewicht haben. Der hohe Turm stammt sogar erst vom Ende des 19. Jahrhunderts.
An der Nord-Seite des Domes wurde im ersten Drittel des 14. Jahrhunderts ein dreiflügeliger Kreuzgang angebaut, der in Schleswig der „Schwahl" genannt wird. Das Wort stammt aus dem Nie-

derdeutschen und bedeutet so viel wie „kühler Gang". Der Kreuzgang besteht aus dem Ost-, dem Nord- und dem West-Flügel; ein Süd-Flügel fehlt. In Ost-West-Richtung hat er eine Ausdehnung von ca. 80 m, in Nord-Süd-Richtung von ca. 68 m. Der Nord- und der West-Flügel standen von vornherein frei. Der Ost-Flügel war mit einer Verlängerung des Kapitelhauses verbunden. Jetzt lehnt er sich an einen Bau aus dem Jahre 1939 an. Die Kreuzrippengewölbe des „Schwahl" ruhen auf Konsolen, die zum Teil einfach gehalten, zum Teil aber auch reich dekoriert sind. Die Schlusssteine sind ebenfalls mit Stuck verziert. Die annähernd quadratischen Joche werden durch kämpferlose Blendarkaden an den Außenwänden und entsprechende Arkadenöffnungen zwischen schwachen Strebepfeilern auf der Hofseite gegliedert. Da der Fußboden des Kreuzgangs sehr angewachsen ist, erscheint die Bank äußerst niedrig.

Interessant ist die reiche Ausmalung des „Schwahl", die schon kurz nach seiner Fertigstellung eingebracht wurde. Ornamentale und figürliche Darstellungen wechseln mit einem Bilderzyklus aus dem Leben Christi. Bei einer Restaurierung im 19. Jahrhundert ist die mittelalterliche Bemalung durch Ergänzungen und veränderte Strichführung teilweise verunstaltet worden.

Der Kreuzgang diente vornehmlich dem Domkapitel als Prozessionsgang. Im späten Mittelalter wurden dort auch andere klerikale Handlungen wie Seelenmessen und Nebengottesdienste abgehalten. Später traf sich die Schleswiger Bürgerschaft im „Schwahl", um dort beispielsweise private Rechtsgeschäfte zu erledigen. Noch bis ins Ende des 19. Jahrhunderts wurde im „Schwahl" ein öffentlicher Markt abgehalten.

Sankt Johanniskloster
Direkt an der Schlei liegt östlich der malerischen Fischervorstadt Holm das kleine Kloster Sankt Johannis, das erstmalig Mitte des 13. Jahrhunderts erwähnt wurde. Dort lebten nie mehr als neun Nonnen zusammen. Brände zerstörten im Jahre 1287 und zweihundert Jahre später die ursprünglich wohl hölzernen Klausurgebäude. Aus wirtschaftlichen Gründen konnte erst danach das Kloster in seiner heutigen Gestalt errichtet

werden. Nach der Reformation wurde es in ein adeliges Damenstift umgewandelt.

An der backsteingemauerten Kirche mit hohem Satteldach sind noch Teile eines mit Feldsteinen und Tuffgestein errichteten Vorgängerbaus zu erkennen. Die Klausur ist mit ihren drei zweigeschossigen Trakten und der nördlich gelegenen Kirche um einen nicht ganz rechteckigen Klosterhof angeordnet. Die mittelalterliche Gestalt wurde im 18. und 19. Jahrhundert durch Umbauten verändert. Die damals eingebauten, meist recht kleinen Wohnungen werden noch heute genutzt. Der nach einem Brand im Jahre 1487 im wesentlichen neu errichtete Kreuzgang beinhaltet noch Bauteile des 14. Jahrhunderts. Sein Nord-Flügel hat ein gemeinsames Dach mit der Kirche. Die drei anderen Flügel sind von den Klausurgebäuden überbaut. Der Ost-Flügel stammt mit seiner Flachdecke aus der Zeit vor dem zweiten Brand. Der Süd-, der West- und der Nord-Flügel sind roh geformt mit gedrungenen Kreuzgewölben, die zumeist einfache Vierkantrippen ohne Konsolen aufweisen. Die quadratischen Joche des Süd-Flügels sind wesentlich kleiner als die des Nord-Flügels. Die Joche des West-Flügels sind dagegen langgestreckt. Durch Aufmauerung der Bank wurden die flachbogigen Fensteröffnungen stark verkleinert. Sie sind heute verglast.

Sankt Pauluskloster

In der ersten Hälfte des 13. Jahrhunderts wurde in Schleswig das Franziskaner-Kloster Sankt Paulus erbaut, das im Volksmund auch „Graues Kloster" genannt wird. Im Jahre 1528 erfolgte im Zuge der Reformation die Umwandlung in ein städtisches Armenstift. Etwa zur gleichen Zeit wurde die Klosterkirche von der Bürgerschaft zum Rathaus umgebaut, das Ende des 18. Jahrhunderts abgerissen und durch einen dreistöckigen Neubau ersetzt wurde. Heute ist in der ehemaligen Klausur ein Altenheim untergebracht. Mit dem südlich gelegenen Rathaus umschließen die drei zweistöckigen Gebäudetrakte einen Hof mit den Abmessungen in ostwestlicher Richtung von ca. 25 m und in nordsüdlicher Richtung von ca. 20 m. Die Klausurtrakte überbauen den Ost-, den Nord- und den West-Flügel. Nur der Nord-Flügel blieb im wesentlichen in seiner ursprünglichen Form erhalten. Seine spitzbogigen Fenster mit mehrfach gegliederten Gewänden innen und außen sind heute großflächig verglast. Die Fensteröffnungen im Ost-Flügel wurden durch einfach gewandete Flachbogen ersetzt. Im breiten West-Flügel wird die Hofseite von zwei großen, gestuften Rundbogenblenden gegliedert, die zum einen zwei Spitzbogenfenster und zum anderen ein Spitzbogenfenster und ein späteres Portal umschließen. Bis auf die gewölbte Eingangshalle im West-Flügel haben alle drei Kreuzgangflügel flache Holzbalkendecken. Statt des verloren gegangenen Süd-Flügels lehnt sich heute ein offener Gang unter einem Pultdach an das Rathausgebäude an. Im Kreuzhof steht ein mächtiges, mittelalterliches Weihwasserbecken aus Granit.

Uetersen, Krs. Pinneberg

Im Jahre 1870 erhielt der Flecken Uetersen Stadtrechte. Doch schon um 1235 wurde dort ein Franziskanerinnen-Kloster gestiftet, das 1555 reformiert und in ein evangelisches, adeliges Damenstift umgewandelt worden ist. Es liegt als geschlossener Komplex an der Südseite der Stadt. Die ursprüngliche Stiftskirche ist Mitte des 18. Jahrhunderts durch einen Neubau ersetzt worden und dient heute als evangelische Pfarrkirche. Von der mittelalterlichen Klausur ist nur noch der durch spätere An- und Umbauten stark verunklarte Südtrakt erhalten, das sogenannte „Amtshaus". Alle anderen Gebäude fielen – besonders im Jahre 1424 – Bränden und Sturmfluten zum Opfer; denn Uetersen liegt an dem Flüßchen Pinnau nur etwa 12 km östlich seiner Mündung in die Elbe. Im „Amtshaus" integriert befindet sich noch ein Teil des Süd-Flügels von einem vierflügeligen, rechteckigen Kreuzgang. Die anderen drei Flügel sind durch Grabungen nachgewiesen. In Urkunden wird der Kreuzgang auch „Partic", „Pattik" oder „Passegang" genannt, was vielleicht mit der „Pforte" (vom Kreuzgang in die Kirche) oder mit dem Wort „Pfad" (der Nonnen innerhalb der Klausur) zusammenhängen könnte. Der Kreuzgang lag im Mittel um 0,7 m tiefer als das heutige Niveau. Der mittelalterliche Kreuzhof bildet den ebenfalls tiefer liegenden Kern des größeren Stiftsfriedhofs, der zwischen der heutigen Kirche und dem „Amtshaus" angeordnet ist.

Der Rest des Süd-Flügels – sein östlicher Teil – hat eine Breite von ca. 4 m und ist noch knapp 20 m lang. Er ist durch Zwischenwände in drei Abschnitte unterteilt. Nach Westen hat er sich ursprünglich noch um etwa 8 m bis zum Eckjoch mit dem West-Flügel fortgesetzt. Der östliche Abschnitt ist durch eine zweiflügelige, grüne Holztür auf der Ostseite für Besucher zugänglich, die über vier Stufen abwärts das ursprüngliche Niveau erreichen. Die flache Holzdecke kaschiert eine darüber liegende Gipsplattendecke. Die ursprüngliche Decke liegt noch darüber. An der westlichen Zwischenwand ist ein Epitaph angebracht, der sogenannte „Uetersener Ritterstein". Er wird mit dem sagenhaften Stifter des Klosters in Verbindung gebracht, weil er vermutlich ehemals im Nord-Flügel des „Partic" aufgestellt war. Der mittlere Abschnitt ist nur durch einen Einstiegschacht zu erreichen. In ihm befindet sich die Tankanlage einer Ölheizung. In den westlichen Abschnitt kann man nur durch ungenutzte Räume des „Amtshauses" kommen. Er ist nur dürftig beleuchtet und deshalb für Fremde nicht begehbar. Von außen ist der Kreuzgang an der Nordwand des „Amtshauses" durch fünf zugemauerte Rundbogenarkaden zu erkennen, in die weiß gestrichene Fenster eingesetzt sind. Hinter den beiden östlichen Arkaden befinden sich der östliche und der mittlere Kreuzgangabschnitt. Die drei anderen Arkaden mit Fenstern gehören zum westlichen Abschnitt. Weiter im Westen kann man an der Nordwand des „Amtshauses" zwei zugemauerte Arkaden ohne Fenster erkennen, die dem nicht mehr vorhandenen Teil des Süd-Flügels zugeordnet werden müssen.

Thüringen

Von den 18 Kreuzgängen oder Kreuzgangresten, die im Bundesland Thüringen bis heute überdauert haben, sind leider nur sechs als vollständiges Geviert erhalten. Aber auch bei diesen stehen zumeist noch wichtige denkmalpflegerische Arbeiten an.

Arnstadt, Ilmkreis

Die Gegend in und um Arnstadt, an einem Ausläufer des Thüringer Waldes gelegen, ist auf Grund zahlreicher Bodenfunde seit der Jungsteinzeit als Siedlungsgebiet ausgewiesen. Arnstadt wurde bereits im Jahre 704 urkundlich als Stadt erwähnt. Von seiner strategisch wichtigen Lage – an der Mündung der Wilden Weiße in die Gera – zeugen die im frühen 13. Jahrhundert begonnenen Befestigungsanlagen in Form eines unregelmäßigen Fünfecks.
Im Jahre 1246 gründeten Franziskaner-Mönche, die aus dem benachbarten Gotha kamen, am Südrand der Stadt eine Niederlassung und begannen mit dem Bau eines Klosters. Der Reichtum des Konvents stieg sehr schnell an. Nördlich der Klausur wurde im 15. Jahrhundert eine Klosterkirche (die sogenannte „Oberkirche", heute evangelisch) errichtet. Im Zuge der Reformation sind 1533 alle Klöster der Stadt säkularisiert worden. Die Franziskaner mussten kurz darauf ihre Klausur verlassen. In die Gebäude zog 1540 eine gräfliche Erziehungsanstalt. Ende des 16. Jahrhunderts erfolgte die Umwandlung in eine städtische Schule. Die schulische Nutzung bis in die Neuzeit führte zu vielfältigen An- und Umbauten. Zu Ende des 20. Jahrhunderts machte die gesamte Anlage auf mich einen etwas trostlosen Eindruck.
Alle vier Flügel des Kreuzgangs mit den Maßen in Ost-West-Richtung von ca. 22 m und in Nord-Süd-Richtung von ca. 13 m sind

erhalten. Die einheitliche Grundstruktur des im 13. und 15. Jahrhunderts errichteten Quadrums ist jedoch noch gut zu erkennen. Zum Hof öffnet sich der zweistöckige Kreuzgang im Erdgeschoss durch breite, dreigeteilte Fenster. Jedes Teil schließt oben mit einem Spitzbogen ab, deren mittelster etwas höher als die beiden äußeren angelegt ist. Die Öffnungen werden durch zwei schräge massive Stürze abgedeckt, die auf ebenfalls massiven Pfeilern aufliegen. In dem sehr niedrigen Obergeschoss ist ein schmaler Gang angeordnet, der durch kleine Rechteckfenster Licht vom Hof erhält. Der Kreuzgang wurde in einer späteren Phase teilweise durch ein drittes Stockwerk überbaut. Aus Mauerresten ist zu erkennen, dass sein an die Kirche angelehnter Nord-Flügel später als diese entstand. Als ich das ehemalige Kloster besuchte, diente er als Abstellraum und Schuppen. Durch den Süd-Flügel wurden Wohnungen und Nebenräume vom Hof her erschlossen. Der West-Flügel war in Wohnflächen einbezogen. Der Ost-Flügel wurde von der Schule als Korridor genutzt. Seinerzeit war der Kreuzgang nicht für Besucher zugänglich.

Bad Langensalza, Unstrut-Hainich-Krs.

Der Ort Langensalza wurde bereits im Jahre 786 schriftlich nachgewiesen. Er liegt an der Furt einer mittelalterlichen Fernhandelsstraße über die Salza, nahe ihrer Mündung in die Unstrut. Anfang des 13. Jahrhunderts ist Langensalza zur Stadt erhoben worden. Die Entdeckung von Schwefelquellen Anfang des 19. Jahrhunderts machten Langensalza bekannt. 1956 wurde es anerkannter Badeort und in Bad Langensalza umbenannt.
Im Jahre 1280 stifteten die dortigen Lehnsherren ein Augustiner-Eremitenkloster, das sich außerhalb der Stadtmauern ansiedelte. Im Zuge der Reformation erfolgte 1540 die Säkularisierung und von 1558 bis 1575 ein Abriss der Klosterkirche; nur ihr Turm blieb erhalten. Kurz darauf zerstörte ein Brand die Klausurgebäude, von denen nur die Grundmauern, Reste der im Westen gelegenen sogenannten „Sakristei" und wesentliche Teile des Kreuzgangs überdauerten. Auf dem massiven Grundgeschoss des östlichen Klausurgebäudes wurde im 18. Jahrhundert ein Fach-

werkgebäude errichtet, in dem heute ein Heimatmuseum untergebracht ist.
Von den vier Flügeln des Kreuzgangs, der wahrscheinlich im 14. Jahrhundert errichtet wurde, sind insbesondere die Mauern des Nord- und eines Teils des Ost-Flügels erhalten. Von den anderen beiden Flügeln wurden die Grundmauern freigelegt, so dass man sich die Ausmaße des gesamten Gevierts gut vorstellen kann. In wenigen der erhaltenen schmalen Spitzbogenarkaden finden sich noch die Reste einer zweigeteilten gotischen Vergitterung. Wahrscheinlich war der einstöckige Kreuzgang an die Kirche und die Klausurgebäude angelehnt und mit einem Pultdach abgedeckt. Er kann heute bei einem Besuch des Heimatmuseums besichtigt werden.

Eisenach

Am Fuße des Thüringer Waldes entwickelte sich unterhalb der Wartburg aus einer ehemaligen Kaufmannssiedlung eine Stadt, die Ende des 12. Jahrhunderts unter dem Namen Eisenach erstmalig urkundlich erwähnt wurde. Zur gleichen Zeit nannte sich auch der Burgherr „Landgraf zu Eisenach". Der Hof der Thüringer Landgrafen übte eine große Anziehungskraft auf die mittelalterlichen Dichter aus und trug somit stark zum Bekanntheitsgrad und zur Entwicklung der Stadt bei. Das „Große Stadtrechtsprivileg" erhielt Eisenach im Jahre 1283.
Um 1240 stiftete der damalige Landgraf ein Kloster, das er dem Dominikaner-Orden übergab. Mit dem Bau einer frühgotischen Kirche ist schon einige Jahre vorher begonnen worden. Sie wurde Sankt Johannes dem Täufer und der 1235 heilig gesprochenen Sankt Elisabeth geweiht und von den Bürgern „Predigerkirche" genannt. Ihre Profanierung erfolgte 1525. Von da ab ist die ehemalige Klosterkirche als Lagerraum genutzt worden. Dieser wur-

de Anfang des 20. Jahrhunderts für das „Thüringer Museum" umgebaut, dessen Skulpturensammlung und frühgeschichtliche Ausstellung dort untergebracht sind.

Die Klausur lag südlich der Kirche. Sie ist mehrfach umgenutzt und umgebaut worden und schloss einen fast quadratischen Hof ein. Der Kreuzgang mit den Maßen von ca. 30 m in Ost-West- und ca. 28 m in Nord-Süd-Richtung war in die Gebäude integriert. Lediglich sein Süd- und sein Ost-Flügel sind erhalten. Vom Nord-Flügel überdauerten nur noch Reste an der südlichen Wand der ehemaligen Kirche. Die Maßwerke in den Spitzbogenfenstern des Süd-Flügels wurden 1878 weitgehend ergänzt, so dass hieran die Gestalt des ehemaligen Klosterhofes nachvollzogen werden kann. Im Ost-Flügel sind die Fenster vermauert.

Erfurt

Auf steinzeitlichem Siedlungsboden entwickelte sich im 5. Jahrhundert ein Fernhandelsort, der als Erphesfurt 742 erstmalig in einem Brief Erwähnung fand. Darin bittet der Heilige Bonifatius den Papst um die Bestätigung einer Bistumsgründung. Seit dem frühen Mittelalter stieg die wirtschaftliche, politische und klerikale Bedeutung Erfurts so stark an, dass sich dort eine Vielzahl von Ordensgemeinschaften – vor allem auf Grund von Stiftungen – niederließ. Neben dem Kreuzgang des Domes sind in der Stadt heute noch vier weitere Kreuzgänge oder deren Reste zu finden.

Dom
Der Dom Beatae Maria Virginis und die neben ihm im 14. Jahrhundert vollendete Severikirche liegen auf einem Hügel oberhalb des großen Domplatzes. Der Hauptzugang erfolgt durch eine eindrucksvolle, sich nach oben verjüngende Treppenanlage. An dem Ort einer

ehemaligen „Marienkirche" und einer Münsterkirche begann der Bau des Domes als romanische Basilika, die 1182 geweiht wurde. Ab Anfang des 14. Jahrhunderts erfolgte in mehreren Bauabschnitten die Umwandlung in die mächtige gotische Kathedrale, die heute hoch über dem Domplatz aufragt.
Die südlich des Doms gelegene dreiflügelige Klausur des Domkapitels wurde im 13. und 14. Jahrhundert erbaut. Alle drei kreuzgratgewölbten Flügel des Kreuzgangs sind in die Kapitelgebäude integriert. Ein Nord-Flügel fehlt. Die Maße sind ca. 35 m in Ost-West- und ca. 22 m in Nord-Süd-Richtung, wobei der West-Flügel kürzer ist als der Ost-Flügel. West- und Süd-Flügel sind einflügelig. Der auch „Kunigundenhalle" genannte Ost-Flügel ist zweiflügelig. An seine Ost-Wand wurde eine kleine sterngewölbte Kapelle angebaut. Vom Hof erhält der Kreuzgang Licht durch zwischen Strebepfeilern angeordnete Fenster, die in den einzelnen Flügeln unterschiedlich gestaltet sind. Im Ost-Flügel werden unter runden Überfangbogen die Fenster mit sternbogenförmigem oberem Abschluss jeweils durch zwei schlanke Säulenpaare dreigeteilt. Ähnlich sind auch die Durchgänge zum Hof ausgeführt. Im Süd- und West-Flügel füllen unterschiedliche dreigeteilte Maßwerke die Spitzbogenfenster aus.
Der Kreuzgang gehört zum Bereich des theologischen Seminars der Universität. Deshalb wird er der Öffentlichkeit nur zu besonderen Anlässen (zum Beispiel am „Tag des offenen Denkmals") zugänglich gemacht.

Augustiner-Chorherrenkloster

Zu Anfang des 12. Jahrhunderts begannen die nach der Regel des Sankt Augustinus lebenden Kanoniker – die sogenannten „Regler" – mit der Betreuung der Armen und Bedürftigen der Stadt. Etwa zur selben Zeit fingen die Chorherren an, eine Stiftskirche zu bauen, die erst Anfang des 13. Jahrhunderts vollendet wurde. Die Klausur war nördlich der Kirche gelegen. Sie wurde 1660 durch einen Stadtbrand fast vollständig zerstört. Nur der unter der Nord-Empore der Kirche angeordnete Süd-Flügel des Kreuzganges blieb erhalten. Seine acht Fensterpaare aus der ersten Hälfte des 14. Jahrhunderts liegen zwischen den Auflagern mächtiger Strebepfeiler. Die im Innern normal hohe Bank erscheint durch die Aufschüttung des Geländes von außen sehr niedrig. Von den ehemaligen Maßwerken sind nur Bruchstücke erhalten. Innen sind zwischen den Fensterpaaren kurze, polygonale Wandpfeiler mit stark verwitterten Kapitellen zu sehen, die darauf schließen lassen, dass eine Einwölbung geplant war. Die Flachdecke des Kreuzgangrestes liegt auf Querbalken auf.

Augustiner-Eremitenkloster

Im Jahre 1266 siedelten sich Augustiner-Eremiten erstmalig in Erfurt an. Zehn Jahre darauf gelang ihnen der Kauf eines weitläufigen Grundstücks, so dass mit dem Bau der Kirche Sankt Philippus und Jacobus und der südlich gelegenen Klausur begonnen werden konnte. Das große mittelalterliche Kloster, bestehend aus drei umbauten Höfen, Konvents- und Wirtschaftsgebäuden, hat sich bis in die Neuzeit erhalten. Die Zerstörungen bei einem Bombenangriff im Jahr 1945 konnten schon vor der Wiedervereinigung Deutschlands weitgehend beseitigt werden, insbesondere nachdem die säkularisierten Teile des Kloster im Jahre 1978 wieder vollständig in den Besitz der Evangelischen Kirche gelangten. Besondere Bedeutung hat dieses einmalige kirchen- und kunstgeschichtliche Denkmal, weil dort Martin Luther als Augustiner-Mönch von seiner Aufnahme als Novize 1505 bis zu seiner endgültigen Abordnung 1511 als Lehrer an der Universität Wittenberg wirkte. Die karge Zelle, in der er lebte, wurde zwar bei einem Brand im Jahre 1872 zerstört; sie konnte aber rekonstruiert und kann besichtigt werden.

Der vierflügelige, fast quadratische Kreuzgang aus dem Anfang des 14. Jahrhunderts ist in die zweistöckigen Konventsgebäude und das südliche Seitenschiff der Kirche einbezogen. Er ist in seiner ursprünglichen Form erhalten. Die Arkaden mit zweigeteilten Spitzbogen und einfachem Maßwerk beeindrucken den Besucher durch ihre einheitliche Gestaltung. Der Kreuzgang ist von einer auf Querbalken ruhenden Flachdecke überbaut.

Dominikaner-Kloster
Vier gelehrte Bettelmönche des Dominikanerordens, entsandt vom Konvent in Paris, siedelten sich im Jahre 1229 in Erfurt an. Nach bescheidenen Vorgängerbauten wurden die heutige Klosterkirche Sankt Johannes Evangelist – die sogenannte „Predigerkirche" – und die südlich angeordneten Konventsgebäude erst Ende des 13. / Anfang des 14. Jahrhunderts errichtet. Von der Klausur ist nur noch der etwas schräg an die Kirche ansetzende, zweistöckige

östliche Trakt erhalten. Auf Grund von Grabungen und schriflichen Befunden sind auch ein Süd-, ein West-Trakt und ein vierflügeliger, fast quadratischer Kreuzgang nachgewiesen, die vom 17. bis 19. Jahrhundert schrittweise abgerissen wurden.
Der kreuzrippengewölbte, siebenjochige Ost-Flügel des Kreuzgangs von ca. 31 m Länge war mit einem Pultdach an den erhaltenen Trakt des Konvents angebaut, wie Reste an dessen Westwand zeigen. Ähnliche Spuren an der Südwand der Kirche weisen einen fast gleichgearteten Nord-Flügel des Kreuzgangs nach. Sein Süd- und sein West-Flügel waren wahrscheinlich in die zweistöckigen Klostergebäude einbezogen.

Kartäuser-Kloster
Das Kloster Sankt Salvator wurde 1371 als erste Niederlassung des Kartäuser-Ordens in Thüringen gegründet. Eine frühe Holzkirche ist 1380 durch einen Steinbau ersetzt worden. Auf dem weitläufigen Klostergelände außerhalb des mittelalterlichen Stadtkerns entstanden bis Anfang des 16. Jahrhunderts die übrigen steinernen Klausurgebäude. Auch von 1702 bis 1732 erfolgten noch Neu- und Umbauten, wodurch ein sehr großer Gebäudekomplex mit zahlreichen Höfen und Gärten entstand. Im Jahre 1803 ist das Kloster endgültig säkularisiert worden. Vierzig Jahre später zerstörte ein Brand große Teile der Anlage, die in stark veränderter Form zu anderer Nutzung wieder aufgebaut wurde. Weitere Änderungen erfolgten im 19. und 20. Jahrhundert, so dass von der ursprünglichen Form und Ausdehnung des Klosters nur noch sehr wenig zu erkennen ist. Lediglich die West-Fassade der Kirche, Teile der Sakristei und der Bibliothek sowie geringe Reste des von einem heutigen Gebäudegeviert umschlossenen sogenannten „Kleinen

Kreuzgangs" sind erhalten. Von dem vierflügeligen „Großen Kreuzgang", der östlich der Kirche lag und von dem die typischen Klausen der Kartäusermönche abgingen, ist nichts mehr zu finden.
Die drei Flügel des „Kleinen Kreuzgangs" verbanden die nördlich gelegene Kirche vor allem mit dem Kapitelsaal und dem Refektorium. Außerhalb der modernen Wohnhäuser sind nur noch kümmerliche Reste wie Auflagekonsolen der Gewölbe zu erkennen, die geschickt aus dem jetzigen Wandputz der Gebäude ausgespart wurden.

Gotha

Die Stadt Gotha wird im Jahr 775 erstmalig urkundlich erwähnt. Auf Grund ihrer Lage an der „via regia" – einer wichtigen Handelsstraße des Mittelalters – erlangte sie schnell an Bedeutung und war zeitweilig Residenz der Thüringer Landgrafen. Im Jahre 1258 übernahmen Augustiner-Eremiten ein schlichtes Klosterareal von einem Zisterzienserinnen-Konvent, das sie in den Folgejahren durch die Errichtung neuer Gebäude völlig umgestalteten. Wesentliche Erweiterungen der Klausur erfolgten in der Mitte des 14. Jahrhunderts. Im Jahre 1595 übereigneten die Mönche ihren Besitz der Stadt. Unterschiedliche Nutzungen in der Nachfolgezeit führten zu starken Veränderungen der Bausubstanz. 1922 erfolgte die Rückgabe der Gebäude an die evangelische Gemeinde. Die südlich des Klosters gelegene Kirche erhielt Ende des 17. Jahrhunderts ihren heutigen frühbarocken Innenraum.
Der gotische Kreuzgang aus dem 14. Jahrhundert ist noch vollständig erhalten. Sein Ost- und sein Süd-Flügel lehnen sich mit einfachen Pultdächern an die Gebäude an. Der West- und der Nord-Flügel sind von den zweistöckigen ehemaligen Klausurtrakten überbaut. Die spitzbögigen Arkaden öffnen sich durch unverglaste, zweibahnige Maßwerkfenster zum Hof.

Kloster Veßra, Krs. Hildburghausen

Der Ort Veßra liegt südlich des Thüringer Waldes im Tal der Schleuse unweit ihrer Mündung in die Werra. Das Kloster wurde im Jahre 1131 von der dortigen Grafenfamilie als deren Hauskloster gegründet, einem Doppelstift. Wie in jener Zeit bei den dort einziehenden Prämonstratensern üblich, lebten in der Klausur Kanoniker und Kanonissen zusammen, aber getrennt durch eine Mauer. Sie folgten der Augustinerregel, nach der sie die drei Gelübde „Gehorsam", „Keuschheit" und „Armut" feierlich ablegten. Das Stift Veßra war vor allem in der Lehre und Fürsorge tätig und bekannt durch seine künstlerisch gestalteten Handschriften. Bis in das 16. Jahrhundert entwickelte sich das Kloster zu einem etwa 6 ha großen Komplex, der von einer 4 m hohen Mauer umgeben war und der einen ausgedehnten landwirtschaftlich genutzten Hofbetrieb einschloss. Weitere Wirtschaftsgebäude lagen außerhalb der Mauer. Nach seiner Säkularisierung wurde der Betrieb von 1573 bis in die Neuzeit als Domäne weiter genutzt. Umbau und Abriss der klerikalen Gebäude waren die Folge. Das auf dem Gelände heute untergebrachte Hennebergische Freilicht-Museum für Klostergeschichte, Dorf-, Landes- und Volkskunde setzt den Austellungsgedanken des während der DDR-Zeit ab 1975 schrittweise aufgebauten Agrarhistorischen Museums fort.

Von der Klausur haben sich südlich der Kirchenruine, die von ihrem mächtigen Westwerk überragt wird, bis heute erhalten: Eine an deren südliche Vierung angebaute Kapelle (sogenannte „Sakristei"), wesentliche Teile des West- und des Süd-Traktes sowie vom quadratischen Kreuzgang ein Rest des Ost-Flügels. Dieser ist für Besucher nur schwer zu definieren. Es handelt sich um seine hofseitige Arkadenwand, die als Ost-Wand eines im Jahre 1790 inmitten des Hofes errichteten Schweinestalles genutzt wird. Man erkennt in deren Mauer die acht ehemals zweigeteilten, rundbogigen Fensteröffnungen und Ansätze des Gewölbes, das früher den Kreuzgang-Ost-Flügel abdeckte. In dem ehemaligen Stall ist heute eine Ausstellung zur Klostergeschichte untergebracht. Die anderen Kreuzgangflügel wurden im 18. Jahrhundert abgebrochen.

Mildenfurth, Gem. Wünschendorf, Krs. Greiz

Im Jahre 1193 gründete der Vogt von Weida in Mildenfurth ein Prämonstratenser-Stift, das mit Kanonissen aus Magdeburg belegt wurde. Kurz nach der Reformation ist das Stift 1543 aufgehoben und an einen wohlhabenden Offizier verkauft worden. Etwa zehn Jahre später begann dieser mit dem Umbau der um 1230 vollendeten spätromanischen Pfeilerbasilika zu einem Schloss, so dass von der ehemaligen Stiftskirche nur noch Teile erhalten sind. Zu Beginn des 17. Jahrhunderts ging der Besitz in kurfürstlich-sächsische Hände über und wurde bis zum Ende des 20. Jahrhunderts unterschiedlich genutzt. Von der südlich der Kirche angeordneten Klausur ist nur noch der zweistöckige südliche Klostertrakt erhalten, der einen Teil des Kreuzgangs überbaut. Diese mittelalterlichen Reste sind ungenutzt und boten bei meinem Besuch Ende der 90er Jahre einen trostlosen Anblick. Auch das Schloss war unbewohnt. Auf dem ehemaligen Klostergelände wurden in neuerer Zeit Wohngebäude errichtet, die in Privatbesitz sind.
Der Süd-Flügel des Kreuzgangs ist kreuzrippengewölbt. Die weit auseinanderstehenden Fenster weisen eine gedrückte Spitzbogenform mit schräger Laibung auf. Das umliegende Gelände ist bis zur Höhe der Bank angewachsen, so dass der Fußboden des Kreuzgangs einige Stufen unter Flur liegt. Über den Spitzbogen im Erdgeschoss ist jeweils im Obergeschoss ein kleines quadratisches Fenster angeordnet.

Mühlhausen, Unstrut-Hainich-Krs.

Schon Mitte des 10. Jahrhunderts gab es in Mühlhausen eine Kaiserpfalz. Im Jahre 1135 wurde die Stadt zur villa regia, zur freien Reichsstadt erklärt. Sie lag am Verlauf einer wichtigen mittelalterlichen Nord-Süd-Straße und entwickelte sich dadurch schnell zu einem wichtigen Handelsplatz. Mönche des Franziskanerordens ließen sich 1232 in Mühlhausen nieder. Unter Einbeziehung von Resten eines Vorgängerbaus begannen sie einige Jahre später mit der Errichtung einer Klosterkirche, die im 14. Jahrhundert – insbesondere nach einem Erdbeben – einige Veränderungen erfuhr. Heute wird die Kirche zu musealen Zwecken genutzt.

Das recht ausgedehnte Kloster lag südlich der Kirche. Es wurde ab 1568 völlig abgetragen und überbaut. Reste des gewölbten Kreuzgangs sind an der Süd-Wand der Kirche und an einem kurzen Mauerstück des ehemaligen West-Traktes der Klausur zu erkennen. Auf dem Gelände ist jetzt ein dem Museum angegliedertes Lapidarium untergebracht, in dem – geschützt durch ein Pultdach – eine Sammlung von Grabdenkmälern, Sühnesteinen und anderen steinernen Zeugnissen aus früheren Zeiten ausgestellt ist.

Nordhausen

Eine Besiedlung des späteren Ortes Nordhausen, nordwestlich der fruchtbaren Goldenen Aue, fand vermutlich im 5./6. Jahrhundert statt. Im Jahre 967 erfolgte eine erste urkundliche Erwähnung Nordhausens, das 1220 „Freie Reichsstadt" wurde. Um eine Burg entwickelte sich schon im frühen Mittelalter eine Kaufmannssiedlung, die anschließend von Befestigungsanlagen umgeben worden ist. Später wuchs der Wohlstand der Gemeinde besonders durch seine Getreidehändler, „Gewandschneider" (Tuchhändler), Brauer und Kornbrenner. Mehrere Brände und kriegerische Zerstörungen verwüsteten im Mittelalter Stadt und Burg, so dass von ihrem frühen Kern nur noch wenig zu finden ist.

Die Gemahlin Heinrich des Ersten stiftete im Jahre 961 innerhalb der Burganlage ein Frauenstift, von dessen erster Kirche nichts mehr erhalten ist. Der 1130 begonnene Nachfolgebau wurde fünfzig Jahre später in einer Fehde zwischen König und Landesfürst zerstört, aber auf den Resten wieder errichtet. Das Frauenstift ist im Jahre 1220 in ein reichsunmittelbares Kanoniker-Stift umgewandelt worden. Um ihre Macht zu beweisen, erstürmten die Bürger der Stadt 1227 die Burg und rissen die Gebäude nieder. Die Stiftskirche – der sogenannte „Dom" – sowie der Konvent wurden anschließend mehrfach umgebaut und erweitert. In der Mitte des 15. Jahrhunderts erfolgte der Abbruch eines romanischen Kreuzgangs und seine Wiedererrichtung als spätgotisches Bauwerk, das aber 1762 zum großen Teil abgetragen wurde.

Heute sind vom Kreuzgang noch ein Teil des westlichen Flügels – integriert in das sogenannte „Kapitelhaus" – und Mauerreste des Süd-Flügels am Langhaus der Stiftskirche erhalten. Der West-Flügel öffnet sich mit seinen sechs erhaltenen Arkaden zum ehemaligen Hof. Diese sind mit zweigeteilten Maßwerken und je einem Viererpass vergittert. Die Maßwerke sind Ende des 20. Jahrhunderts erneuert und verglast worden. Der Zugang vom Hof erfolgt durch eine schmale spitzbogige Tür. An der Innenwand des flachgedeckten West-Flügels sind noch weite Rundbogen auf Halbsäulen zu sehen, deren Kapitele mit Blattwerk, Tieren und Fabelwesen geschmückt sind. Diese Wand stammt von dem abgebrochenen spätromanischen Kreuzgang.

Reifenstein, Gem. Kleinbartloff, Krs. Eichsfeld

Das Kloster Reifenstein im fruchtbaren Eichsfeld wurde 1162 von dem dortigen Grafengeschlecht gegründet und mit Zisterziensern aus Volkenroda besetzt. Die Mönche kultivierten das umliegende Tal zur landwirtschaftlichen Nutzung und legten Fischteiche an. Durch Stiftungen und Schenkungen erweiterte das Kloster schnell seinen Grundbesitz, so dass es Anfang des 13. Jahrhunderts unter den Schutz des Landgrafen von Thüringen gestellt und schon bald darauf seine Unabhängigkeit vom Papst bestätigt wurde. Misswirtschaft und nachlassende Disziplin der Mönche führten zum Niedergang des Klosters. Im Jahre 1525 brannten die aufständischen Bauern unter Führung eines seiner Mönche das Kloster nieder und vertrieben seine ehemaligen Glaubensbrüder. Mitte des 16. Jahrhunderts begann langsam der Wiederaufbau. Auch im Dreißigjährigen Krieg wurden Klausur und Wirtschaftsgebäude mehrfach überfallen, ausgeraubt und dort Brände gelegt. Erst ab Ende des 17. Jahrhunderts setzte eine erneute Bauphase ein, die mit der Weihe der Kirche im Jahre 1743 abgeschlossen werden konnte. Im März 1803 verfügte der preußische König die Aufhebung des Klosters; den Mönchen, die fast alle das Kloster verließen, wurde eine jährliche Rente von 250 Thalern zugesprochen. Mit dem Tod des letzten Abtes zwanzig Jahre später endet die Geschichte des Klosters Reifenstein.
Seine Besitzungen fielen an den preußischen Staat. Die Landwirtschaft wurde als Domäne weiterbetrieben. In den verlassenen Ostflügel zog im Jahre 1900 die Frauenschule Reifenstein, in der die Schülerinnen auf ihre hausfrauliche Tätigkeit insbesondere in landwirtschaftlichen Betrieben vorbereitet wurden. Der große Erfolg dieses Schulsystems führte zur Gründung des Reifensteiner Verbandes, der eine Vielzahl weiterer sogenannter „Maidenschulen" in ganz Deutschland ins Leben rief. Nach Schließung der Frauenschule Reifenstein im Jahre 1949 übernahmen die Universitätskliniken Jena den ausgedehnten Gebäudekomplex. Heute ist dort das Kreiskrankenhaus des Landkreises Eichsfeld untergebracht.
Die vierflügelige ehemalige Klausur und ihre südwestlich gelegene Kirche sind in schlichtem Barock gestaltet. Die unterschiedlichen Nutzungen führten zu vielfältigen An- und Umbauten. So ist

auch von dem in das Erdgeschoss der zweistöckigen Klausurgebäude integrierten Kreuzgang nur sehr eingeschränkt seine frühere Funktion zu erkennen. Ein Ost-, ein Nord- und ein West-Flügel umschließen zwei rechteckige Höfe, die durch einen Mittelbau unterteilt werden. Die drei Kreuzgangflügel sind kreuzgrat- oder rippengewölbt und erhalten ihr Licht durch einfache Rundbogenfenster. Da alle Klausurgebäude wegen des feuchten Baugrundes unterkellert sind, ist im Untergeschoss eine ähnliche Gangstruktur wie auf der Kreuzgangebene erhalten.

Saalfeld (Saale)

Im Jahre 899 wurde Salauelda, das heutige Saalfeld, erstmals schriftlich erwähnt. Die Stadt lag mit ihren Brücken über die Saale an einer Stelle, an der sich mittelalterliche Handelsstraßen kreuzten. Bereits im 10. Jahrhundert ist eine königliche Pfalz in Saalfeld nachgewiesen. Neben dieser herrschaftlichen Bedeutung wurden seine Bürger durch Handel und den umliegenden Bergbau reich. Um 1250 ließen sich Franziskaner in Saalfeld nieder. Vom Ende des 13. bis Anfang des 14. Jahrhunderts sowie zwischen 1490 und 1520 wurden an den Klausurgebäuden wesentliche An- und Umbauten vorgenommen. Im Zuge der Reformation verließen im Jahre 1534 die letzten Mönche ihr Kloster, das sofort für eine Lateinschule genutzt wurde. Bis 1910 dienten immer wieder Gebäudeteile schulischen Zwecken. Von 1551 bis 1735 wurde dort auch eine Münze betrieben.

Die Klosterkirche stand nach der Säkularisierung lange Zeit leer, wurde als Lager oder für Veranstaltungen genutzt. Erst im 18. Jahrhundert erfolgten umfangreiche Reparatur- und Umbaumaßnahmen. Unter dem bis dahin offenen gotischen Dachstuhl wurde eine mit barocken Stukkaturen und Fresken verzierte Decke eingezogen. Da die herzoglichen Mittel für den Umbau ausblieben, übernahm die Stadt die Kirche und richtete dort zu Anfang des 19. Jahrhunderts ein Malzhaus ein, wozu mehrere Zwischendecken eingezogen wurden. Im Jahr 1900 ist die Mälzerei geschlossen worden. Erst Anfang der vierziger Jahre begann man mit der Umwidmung zu einem Festsaal, der aber erst 1953 – nach Kriegsende – fertiggestellt werden konnte.

Die Klostergebäude gruppieren sich mit ihrem West-, Nord- und Ost-Trakt nördlich der Kirche um einen viereckigen, unregelmäßig verschobenen (nicht ganz quadratischen) Hof. Vom zweigeschossigen Süd-Flügel des ehemals vierflügeligen Kreuzgangs sind nur noch Reste – beispielsweise Konsolen – an der nördlichen Kirchenaußenwand zu erkennen. Sein Grundriss ist in der Pflasterung des Hofes nachgezeichnet. Die übrigen drei recht unterschiedlich gestalteten Flügel wurden Anfang des 18. Jahrhunderts mit den Klausurgebäuden – teilweise in Fachwerk – überbaut. Der West-Flügel des Kreuzgangs stellt sich als sehr breiter flacher Raum dar, dessen Netzgewölbe auf Halbsäulen aufliegen. Die runden Schlusssteine werden durch heraldische Motive und Darstellungen von Heiligen verziert. Der schmale Nord-Flügel hat eine Flachdecke. Mit seiner Einwölbung war in den östlichen drei Jochen begonnen worden; sie ist aber nie vollendet worden. Die Nord-Wand dieses Kreuzgangflügels stammt vermutlich aus der ältesten Bauphase des Klosters. Der Ost-Flügel ist sehr lang und schmal; er wird ebenfalls von einem Netzgewölbe mit geschmückten Schlusssteinen überdeckt. Zum Hof öffnen sich die drei Kreuzgangflügel überwiegend durch Rundbogenfenster, in die einfache zweiteilige, heute verglaste Maßwerke eingestellt sind. Die Bank des Ost-Flügels erscheint von außen ziemlich niedrig. Ausgehend von einer musealen Umnutzung des Kreuzgangs zu Beginn des 20. Jahrhunderts ist heute in den ehemaligen Klostergebäuden das Thüringer Heimatmuseum der Stadt Saalfeld untergebracht.

Thalbürgel, Stadt Bürgel, Saale-Holzland-Krs.

In dem zur Stadt Bürgel gehörenden dörflichen Ortsteil Thalbürgel erhebt sich über dem Talgrund ein mächtiger, teils ruinöser Kirchenbau. Er ist das letzte Überbleibsel des im Jahre 1133 gestifteten Benediktiner-Klosters Bürgel. Mit dem Bau der dreischiffigen romanischen Pfeilerbasilika wurde kurz nach der Klostergründung begonnen. Sie konnte jedoch erst Anfang des 13. Jahrhunderts vollendet werden und wurde dem Heiligen Georg geweiht. Von dem einst bedeutenden Klosterbesitz sind nur der stark veränderte Wirtschaftshof und einige Fischteiche erhalten. Während der Bauernkriege wurden im Jahre 1525 alle Mönche vertrieben. Sie konnten jedoch nicht in ihre Klausur zurückkehren, da nach der Reformation der lutherische Landesherr das gesamte Eigentum des Klosters einzog. Die Gebäude verfielen und dienten als Steinbruch. Im 19. Jahrhundert wurden das Mittelschiff der Kirche restauriert, die Seitenschiffe und die Vorhalle – auch „Paradies" genannt – zum Teil wieder aufgebaut. Von dem an den östlichen Seitenschiffen und westlich der Vierung angeordneten Turmpaar ist der südliche Turm restauriert und mit einer neuen Turmhaube versehen worden. Der Ostteil der Kirche mit Vierung und Apsis ist heute bis auf ganz geringe Teile nur noch an den freigelegten Grundmauern zu erkennen.
Die Klausur lag südlich der Kirche. Vom Kreuzgang finden sich nur noch wenige Spuren. An einem Mauerrest der Ostwand des westlichen Klostergebäudes sind noch deutlich die Gewölbeauflagen und -ansätze des westlichen Kreuzgangflügels zu sehen. Auch an der Außenwand des südlichen Kirchenschiffes finden sich Spuren des Kreuzgang-Nord-Flügels. Das Portal in dem Mauerrest der West-Wand der südlichen Vierung führte vom Ost-Flügel des Kreuzgangs in die Kirche.

Wenn auch die Besucher nur wenige Überreste der Klausur und des Kreuzgangs finden, so bietet ihnen Thalbürgel noch heute ein überaus beeindruckendes Beispiel romanischer Kirchen- und Klosterbaukunst.

Volkenroda, Gem. Körner, Unstrut-Hainich-Krs.

Volkenroda – das mittelalterliche Volkolderode = Volkolds Rodung – ist ein Ortsteil der Gemeinde Körner und liegt nordwestlich von Mühlhausen/ Thüringen. Hier findet der Besucher den Rest eines mittelalterlichen Kreuzgangs und einen modernen Kreuzgang im Christus-Pavillon. Dieser diente ursprünglich den christlichen Kirchen Deutschlands bei der Weltausstellung Expo 2000 in Hannover als Begegnungsstätte und wurde von den Architekten Meinhard von Gerkan, Hamburg und Joachim Zais, Braunschweig konzipiert. Seit der Umsetzung nach Volkenroda betreibt dort die ökumenische Jesus-Bruderschaft Gnadenthal, die sich auch um die Restaurierung des mittelalterlichen Klosters Volkenroda kümmert, eine Familien- und Jugendbegegnungsstätte.

Gegründet wurde das Kloster im Jahre 1128 von dem dortigen Grafengeschlecht. In dieses vierte Kloster des Zisterzienser-Ordens auf deutschem Boden zogen drei Jahre später zwölf Glaubensbrüder und ihr Abt ein. Genutzt wurden die Reste einer Reichsburg und Kaiserpfalz, die in der Auseinandersetzung des Kaisers mit den Sachsen und Thüringern im Jahre 1074 geschleift wurden. Das Kloster gelangte schnell zu Reichtum. Es wurde in den Bauernkriegen und im Dreißgjährigen Krieg mehrfach zerstört und wieder aufgebaut, erlangte aber niemals seine einstige Bedeutung zurück. Nach der Säkularisierung verfielen die Gebäude zunehmend.

Von der 1150 geweihten dreischiffigen romanischen Basilika stehen noch wesentliche Teile. Sie ist damit die älteste erhaltene Kirche der Zisterzienser in Deutschland. Außerdem haben Teile des Osttraktes der Klausur, die aus verschiedenen Bauperioden stammen, bis heute überdauert; sie wurden denkmalgerecht in einen Neubau für die moderne Begegnungsstätte einbezogen. Weitere Gebäude des Komplexes, wie das sogenannte „Amtshaus", werden ebenfalls heute von der Jesus-Bruderschaft genutzt.

Von dem ehemaligen vierflügeligen gotischen Kreuzgang sind noch das nordöstliche Eckjoch und ein Gewölberest des westlich anschließenden Flügels übrig geblieben. Sie stammen aus dem 14. Jahrhundert. Das Eckjoch wird von einem Kreuzrippengewölbe mit Birnstabrippen auf Konsolen und einem Schlussstein mit Blattrosette überdeckt. In der Nord-Ost-Ecke ist noch ein Bündelpfeiler zu erkennen. Aus der sehr unterschiedlichen Höhe der Türschwellen an der West-Wand des östlichen Klausurgebäudes wird geschlossen, dass zumindest der Ost-Flügel des Kreuzgangs abgetreppt sein musste.

Der oben erwähnte Christus-Pavillon übernimmt die Funktion des nicht mehr erhaltenen Längsschiffes der romanischen Klosterkirche. Stahl und Glas sind die den modernen Bau prägenden Materialien. Die – abgesehen vom Eingangsbereich – geschlossenen Außenwände des rechteckigen Kreuzgangs grenzen den Hof des Christus-Pavillons von der Außenwelt ab. Sie werden gebildet aus in Stahlrahmen eingefassten quadratischen Doppelfenstern in der Größe von ca. 3 m mal 3 m, zwischen deren Scheiben genügend Platz gelassen wurde für Füllungen aus jeweils unterschiedlichen Gegenständen oder Material wie farbigen Glasscherben, Tannenzapfen, Glühlampen, Weidenruten, Musikkassetten oder Baumscheiben. Damit ist das Thema der Expo 2000 „Mensch – Natur – Technik" aufgenommen worden, dem aber auch – in etwas eingeschränkter Form – die Arbeit der Jesus-Bruderschaft nahesteht. Auch die hofseitige Wand des Kreuzgangs ist ähnlich gestaltet, wobei durch Weglassen jedes zweiten Fensterquadrates in der unteren Reihe eine Arkadenstruktur dargestellt ist. In den südlichen Teil des Hofes wurde ein gläserner Kubus von 21 m mal 21 m Grundfläche und 18 m Raumhöhe gestellt, dessen Dach von neun kreuzförmigen Stahlstützen getragen wird. Sein Licht erhält der Raum durch ringsum und in der Höhe eng aneinandergefügte, dünn geschnittenen Platten aus weißem Marmor. Er wird für Andachten, kirchliche Feiern, Konzerte oder sonstige Begegnungen genutzt. Zwischen Kubus und Kreuzgang sind kleine Nischen angeordnet, die sich zum Kreuzgang hin öffnen und für Ausstellungen genutzt werden.

Worbis, Krs. Eichsfeld

Die Stadt Worbis wurde schon im Jahre 1162 als der Ort Wurberke erwähnt. Er war an einer mittelalterlichen Handelsstraße gelegen und wurde von einer Burg geschützt. Als civitas = Stadt ist Worbis bereits 1225 in einer Urkunde bezeichnet worden.
Die heute erhaltene Klosteranlage des Franziskaner-Ordens, bestehend aus Konventsgebäuden, Kirche, Kapelle, Beinhaus und ummauertem Garten, wurde Ende des 17. Jahrhunderts östlich der damaligen Stadt an einer Stelle erbaut, auf der zuvor bereits ein Zisterzienserinnen-Kloster stand, das 1525 zerstört und fünfzehn Jahre später aufgelöst worden ist. Die neue Klosterkirche Sankt Antonius, die im Stil des fränkischen Barocks ausgeführt wurde, liegt nördlich der Klausur. Seit 1826 nutzt sie die katholische Gemeinde von Worbis.
Die Auflösung des Franziskaner-Klosters erfolgte 1824. Anschließend diente es als „Arbeitshaus" (Zwangsanstalt) und wurde ab 1861 als Amtsgericht umgebaut und so bis in die Neuzeit genutzt. Bei meinem Besuch im Jahre 2001 war das Amtsgericht in einem Neubau untergebracht, aber noch für die Klostergebäude zuständig. Aus Geldmangel ruhte damals eine

1993 begonnene Restaurierung. Die Baustelle fand ich – besonders im Innern – in einem ziemlich verwahrlosten Zustand vor. Bis jetzt gibt es noch keine Nachnutzung.
Der vierflügelige zweistöckige Kreuzgang ist mit seinem Nord-Flügel an die Kirche angelehnt; sein Ost-, sein Süd- und sein West-Flügel wurden in die barocken Klausurgebäude integriert. Alle Flügel sind einheitlich und sehr schlicht gestaltet. Sowohl das Erdgeschoss des Kreuzgangs, wie auch der umlaufende Gang des Obergeschosses sind flachgedeckt. Die verglasten hohen Fenster des Erdgeschosses haben einen Rundbogenabschluss. Im Obergeschoss sind sie klein und fast quadratisch.

ANHANG

Ortsverzeichnis
Bei mehr als einem Kreuzgang ist ihre Zahl in Klammern angegeben.

Berlin (2)	19
Bezirk Mitte	19
Bezirk Wilmersdorf-Charlottenburg	19
Brandenburg (16)	21
Altfriedland, siehe Neuhardenberg	29
Angermünde, Krs. Uckermark	21
Brandenburg an der Havel (2)	21
Chorin, Krs. Barnim	23
Gransee, Krs. Oberhavel	24
Heiligengrabe, Krs. Ostprignitz-Ruppin	25
Jüterbog, siehe Kloster Zinna	26
Kloster Zinna, Stadt Jüterbog, Krs. Teltow-Fläming	26
Kyritz, Krs. Ostprignitz-Ruppin	26
Lehnin, Krs. Potsdam-Mittelmark	27
Lindow, Krs. Ostprignitz-Ruppin	27
Mühlberg (Elbe), Krs. Elbe-Elster	28
Neuhardenberg, OT Altfriedland, Krs. Märkisch-Oderland	29
Neuzelle, Krs. Oder-Spree	29
Potsdam	30
Prenzlau, Krs. Uckermark	31
Zehdenik, Krs. Oberhavel	32
Zinna, siehe Kloster Zinna	26
Bremen	33
Stadtteil Mitte	33
Hamburg	
kein Kreuzgang	

Mecklenburg-Vorpommern (13) 34
Bad Doberan, Krs. Rostock 34
Bützow-Land, siehe Rühn 42
Dobbertin, Amt Mildenitz, Krs. Parchim 35
Doberan, siehe Bad Doberan 34
Eldena, Stadt Greifswald 36
Greifswald, siehe Eldena 36
Kloster Malchow, Stadt Malchow, Krs. Müritz 37
Malchow, Krs. Müritz, siehe Kloster Malchow 37
Mildenitz, siehe Dobbertin 35
Neubrandenburg 37
Rehna, Krs. Nordwestmecklenburg 39
Rostock (2) 39
Rühn, Amt Bützow-Land, Krs. Güstrow 42
Schwerin 43
Stralsund (2) 44
Zarrentin, Krs. Ludwigslust 47

Niedersachsen (49) 49
Amelungsborn, Gem. Negenborn, Krs. Holzminden 49
Bad Gandersheim, siehe Clus 57
Bad Iburg, Krs. Osnabrück 50
Barsinghausen, Krs. Hannover 51
Berge, siehe Börstel 53
Bersenbrück, Krs. Osnabrück 52
Betheln, siehe Haus Escherde 64
Börstel, Gem. Berge, Krs. Osnabrück 53
Bramsche, siehe Malgarten 75
Braunschweig (2) 54
siehe auch Riddagshausen 84
Bursfelde, Stadt Hann. Münden, Krs. Göttingen 56
Clus, Stadt Bad Gandersheim, Krs. Northeim 57
Derneburg, Gem. Holle, Krs. Hildesheim 57
Dorstadt, Krs. Wolfenbüttel 58
Ebstorf, Krs. Uelzen 59
Fischbeck, Stadt Hessisch Oldendorf, Krs. Hameln-Pyrmont 60
Frenswegen, Stadt Nordhorn, Krs. Grafschaft Bentheim 62
Gandersheim, siehe Clus 57

Ortsverzeichnis

Goslar	63
siehe auch Grauhof	64
siehe auch Riechenberg	85
Grauhof, Stadt Goslar	64
Hankensbüttel, siehe Isenhagen	71
Hannover, siehe Marienwerder	79
Hann. Münden, siehe Bursfelde	56
Haus Escherde, Gem. Betheln, Krs. Hildesheim	64
Helmstedt	65
Hessisch Oldendorf, siehe Fischbeck	60
Hildesheim (4)	67
siehe auch Marienrode	77
Iburg, siehe Bad Iburg	50
Isenhagen, Gem. Hankensbüttel, Krs. Gifhorn	71
Holle, Krs. Hildesheim, siehe Derneburg	57
Königslutter, Krs. Helmstedt	72
Loccum, Stadt Rehburg-Loccum, Krs. Nienburg (Weser)	73
Lüne, Stadt Lüneburg	74
Lüneburg	75
siehe auch Lüne	74
Malgarten, Stadt Bramsche, Krs. Osnabrück	75
Marienrode, Stadt Hildesheim	77
Mariensee, Stadt Neustadt am Rübenberge, Krs. Hannover	77
Mariental, Krs. Helmstedt	78
Marienwerder, Stadt Hannover	79
Möllenbeck, Stadt Rinteln, Krs. Schaumburg	80
Negenborn, siehe Amelungsborn	49
Neustadt am Rübenberge, siehe Mariensee	77
Nordhorn, siehe Frenswegen	62
Obernkirchen, Krs. Schaumburg	81
Osnabrück (4)	82
Rehburg-Loccum, siehe Loccum	73
Riddagshausen, Stadt Braunschweig	84
Riechenberg, Stadt Goslar	85
Rinteln, siehe Möllenbeck	80
Salzgitter, OT Steterburg	86
Scharnebeck, Krs. Lüneburg	87
Schinna, Gem. Stolzenau, Krs. Nienburg (Weser)	87

Schöningen, Krs. Helmstedt 88
Springe, siehe Wülfinghausen 93
Stolzenau, siehe Schinna 87
Steterburg, siehe Salzgitter, OT Steterburg 86
Verden (Aller) 89
Vienenburg, siehe Wöltingerode 92
Walkenried, Krs. Osterode am Harz 89
Wienhausen, Krs. Celle 91
Wöltingerode, Stadt Vienenburg, Krs. Goslar 92
Wülfinghausen, Stadt Springe, Krs. Hannover 93

Sachsen (12) 94
Altzella, Gem. Nossen, Kr. Meißen 94
Chemnitz 95
Freiberg (Sachsen) 96
Görlitz 97
Klosterbuch, Stadt Leisnig, Krs. Döbeln 98
Leisnig, siehe Klosterbuch 98
Marienthal, Gem. Ostritz, Krs. Löbau-Zittau 98
Meißen (3) 99
Nossen, siehe Altzella 94
Ostritz, siehe Marienthal 98
Oybin, Krs. Löbau-Zittau 101
Panschwitz-Kuckau, Kr. Kamenz 102
Zittau, Krs. Löbau-Zittau 103

Sachsen-Anhalt (37) 105
Arendsee, Altmarkkreis Salzwedel 105
Bad Kösen, siehe Schulpforte 133
Bernburg (Saale) 106
Blankenburg, siehe Michaelstein 128
Dambeck, OT Amt Dambeck, Altmarkkreis Salzwedel 106
Dingelstedt, siehe Huysburg 118
Drübeck, Krs. Wernigerode 107
Eisleben, siehe Helfta 116
Gardelegen, siehe Kloster Neuendorf 121
Gernrode, Krs. Quedlinburg 108
Groß Ammensleben, Ohrekreis 109

Hadmersleben, Bördekreis	109
Halberstadt (3)	110
Haldensleben, Ohrekreis	114
Hamersleben, Bördekreis	114
Havelberg, Krs. Stendal	115
Helfta, Lutherstadt Eisleben, Krs. Mansfelder Land	116
Hillersleben, Ohrekreis	117
Huysburg, Gem. Dingelstedt, Krs. Halberstadt	118
llsenburg, Krs. Wernigerode	119
Jerichow	120
Kloster Neuendorf, Amt Gardelegen, Altmarkkreis Salzwedel	121
Kösen, siehe Schulpforte	133
Lutherstadt Eisleben, siehe Helfta	116
Magdeburg (2)	122
Marienborn, Bördekreis	125
Memleben, Burgenlandkreis	125
Merseburg (Saale) (2)	127
Meyendorf, siehe Remkersleben	131
Michaelstein, Stadt Blankenburg, Krs. Wernigerode	128
Naumburg (Saale)	130
Neuendorf, siehe Kloster Neuendorf	121
Petersberg, Saale-Holzland-Kreis	131
Remkersleben, OT Meyendorf, Bördekreis	131
Salzwedel, Altmarkkreis Salzwedel	132
Schulpforte, Stadt Bad Kösen, Burgenlandkreis	133
Stendal (2)	134
Weißenfels	136
Zeitz, Burgenlandkreis (2)	137
Zerbst, Krs. Anhalt-Zerbst	139

Schleswig-Holstein (13) 142

Cismar, Gem. Grömitz, Krs. Ostholstein	142
Grömitz, siehe Cismar	142
Itzehoe	143
Kiel	144
Lübeck (5)	145
Ratzeburg, Krs. Herzogtum Lauenburg	150

Schleswig (3)	151
Uetersen, Krs. Pinneberg	154
Thüringen (18)	157
Arnstadt, llmkreis	157
Bad Langensalza, Unstrut-Hainich-Krs.	158
Bürgel, siehe Thalbürgel	173
Eisenach	159
Erfurt (5)	160
Gotha	165
Kleinbartloff, siehe Reifenstein	170
Kloster Veßra, Krs. Hildburghausen	166
Körner, siehe Volkenroda	174
Langensalza, siehe Bad Langensalza	158
Mildenfurth, Gem. Wünschendorf, Krs. Greiz	167
Mühlhausen, Unstrut-Hainich-Krs.	168
Nordhausen	168
Reifenstein, Gem. Kleinbartloff, Krs. Eichsfeld	170
Saalfeld (Saale)	171
Thalbürgel, Stadt Bürgel, Saale-Holzland-Krs.	173
Veßra, siehe Kloster Veßra	166
Volkenroda, Gem. Körner, Unstrut-Hainich-Kreis	174
Worbis, Krs. Eichsfeld	176
Wünschendorf, siehe Mildenfurth	167

Abkürzungen

Gem. = Gemeinde
hier: = im Zusammenhang mit Kreuzgängen.
i.d.R. = in der Regel
Krs. = Landkreis
OT = Ortsteil
> = siehe auch ...

Bildnachweise

Bis auf wenige Ausnahmen stammen die Bilder vom Autor. Einige Kreuzgänge konnten – aus unterschiedlichen Gründen – nicht fotografiert werden. Nachfolgende Bilder wurden übernommen:
S. 48: Postkarte, Margrit Schwenzner, Ebstorf,
S. 86: Städtische Museen Zittau (René Pech),
S. 131: Elsa Plath-Langheinrich, Uetersen.

Glossar

In diesem Abschnitt werden vornehmlich Fachausdrücke erläutert, die im Text verwendet wurden. Sie sind alphabetisch geordnet.

Abt = Vorsteher einer Mönchsgemeinschaft.
Ambitus = >Kreuzgang.
Apsis = i.d.R. halbkreisförmiger Raum; hier: östlicher Teil des >Chores; auch mehrere (meist drei) Apsiden möglich.
Arkade oder Arkatur = eine auf Säulen oder Pfeilern ruhende Bogenreihe; in der Antike und im Mittelalter häufig genutztes Bauelement.
Arkadenhof = Hof mit meist ringsum angeordneten >Arkaden; auch mehrstöckig; Säulen- oder Pfeilerreihe im Erdgeschoss i.d.R. durchgängig zum Innenhof.
Atrium = Vorhalle oder Vorhof.
Auflager = Fläche, auf der ein tragendes Bauelement aufliegt.
Augustiner = >Augustiner-Eremiten.
Augustinerinnen = im weitesten Sinne alle weiblichen >Orden und >Kongregationen, die nach der >Augustiner-Regel leben.
Augustiner-Barfüßer = im 15. Jahrhundert entstandene Ordensgemeinschaft, die aus den >Augustiner-Eremiten hervorging und eine Trennung von der zentralen Ordensleitung und eine strengere Lebensweise anstrebte; in einigen Ländern auch nur >Barfüßer genannt.
Augustiner-Chorfrauen = nach der >Augustiner-Regel lebende Chorfrauen.
Augustiner-Chorherren = nach der >Augustiner-Regel lebende >Chorherren.
Augustiner-Eremiten = Mitte des 13. Jahrhunderts gegründeter >Bettelorden, später auch nur >Augustiner genannt; leben nach der >Augustiner-Regel.
Augustiner-Regel = dem heiligen Augustinus (354–430) zugeschriebene Regeln, nach denen die ältesten christlichen >monastischen Gemeinschaften lebten.

Bank = hier: Mauer an der Hofseite eines >Kreuzgangs auf der die >Bogen oder >Arkaden aufliegen.
Barfüßer = >Augustiner-Barfüßer.

Barock = Baustil; in Deutschland ca. Mitte 17. – Ende 19. Jahrhundert; vorwiegend Putz-Stuck-Bauten; von Süddeutschland ausgehend.
Basilika = im Mittelalter oft verwendeter Kirchenbau, dessen Seitenschiffe niedriger als das Mittelschiff sind.
Benediktiner = nach der >Benediktiner-Regel lebende Mönche.
Benediktinerinnen = nach der >Benediktiner-Regel lebende Nonnen.
Benediktiner-Regel = eigentlich Regel des Benedikt; durch den heiligen Benedikt von Nursia Mitte des 6. Jahrhunderts verfasste Mönchsregel.
Bettelorden = Ordensgemeinschaften, deren Ideal aus einem einfachen Leben in Nachfolge Christi, in Armut und zur Buße bestand; hierzu zählen vor allem >Augustiner-Eremiten, >Dominikaner, >Franziskaner und >Karmeliten.
Bibliotheka = Bücher- und Leseraum eines Klosters.
Birnstab oder Birnstabrippe = stabartiges Bauelement, dessen Querschnitt birnenförmig ist; zumeist in der >Gotik verwendet.
Birgitten = aus Schweden kommender Nonnenorden; auch „Erlöserorden" genannt.
Bischof = oberster geistlicher Würdenträger eines >Bistums.
Bischofskirche >Dom.
Bistum = größerer geistlicher Bezirk.
Blendarkade = als Gliederung direkt auf eine Wandfläche aufgemauerte >Arkade.
Bogen = steinerne Überbrückung einer Maueröffnung, deren oberer Abschluss aus statischen Gründen gewölbt ist und verschiedenste Formen haben kann.
Brunnenhaus = meist im oder am >Kreuzgang errichtetes Gebäude, in dem i.d.R. ständig Wasser in eine Schale fließt; dort auch sakrale Fußwaschungen, Körperpflege, >Tonsur und Waschen der Kleidung; oft von der >Bibliotheka überbaut.

Calefaktorium = Wärmestube; früher oft einziger beheizbarer Raum eines Klosters, in dem auch Wäsche getrocknet wurde.
Cella hospitum = Gaststube eines Klosters.
Cella infirmorum = Krankenstube eines Klosters.
Cella ostiarii = Pförtnerstube eines Klosters.
Cellerarium = Wirtschaftsraum eines Klosters.

Chor = i.d.R. östlicher Teil einer Kirche, der den >Klerikern vorbehalten ist.
Chorfrauen oder Kanonissen = weibliche Form der >Chorherren.
Chorherren oder Kanoniker = Kleriker (Geistliche), die einem an einem >Dom oder einer >Stiftskirche bestehenden >Kapitel oder einer >Kongregation angehören.
Collatio = Lesegang; oft im >Kreuzgang.
Coquina = Klosterküche.

Damenstift = Ort/Gebäude und/oder Gemeinschaft, in der zumeist unverheiratete adelige Damen zusammenleben; entstanden im Spätmittelalter, nach der Reformation zum Teil auch aus ursprünglich klösterlichen Gemeinschaften.
Dienst = hier: einer Wand vorgelagertes Bauelement mit unterschiedlichem Querschnitt, auf dem das >Gewölbe aufliegt.
Diezöse = >Bistum.
Dom = Kirche, in der ein Bischof seinen Sitz hat.
Domäne = hier: landwirtschaftlich genutztes Staatsgut; meist verpachtet.
Dominikaner >Dominikaner-Orden.
Dominikanerinnen = weiblicher Zweig des >Dominikaner-Ordens.
Dominikaner-Orden = von Dominikus im 12. Jahrhundert gegründeter >Betttelorden; ursprünglich von >Kanonikern; vereinigt Predigt und theologische Wissenschaft; fußt auf >Augustiner-Regel; durch Entstehung neuer gesellschaftlicher Schichten besonders in großen Städten vertreten.
Domkapitel = >Kapitel.
Doppelkloster = je eine Gemeinschaft von Mönchen und eine Gemeinschaft von Nonnen, die streng getrennt in einem Kloster leben; hatte i.d.R. nicht lange Bestand.
Dormitorium = Schlafraum der Mönche oder Nonnen.
Dreipass oder Dreierpass = aus drei Kreisbogen zusammengesetzte, kleeblattähnliche Figur im >Maßwerk; >Pass.

Epitaph = Denkmal für einen Toten, das sich nicht an der Begräbnisstätte selbst, sondern meistens in oder an einer Kirche befindet.
Eremit = Einsiedler oder Klausner; i.d.R. ohne Bindung an einen Orden einsam lebender Mönch.

Fensterlaibung oder -leibung = seitliche Begrenzung des Fensters im Innern des Raumes.
Flamboyant oder Fischblasenstil = besonders in Frankreich entwickelter Stil, bei dem als züngelnde Flammen oder Fischblasen gedeutete Formen vorherrschen.
Flamboyantmaßwek = >Maßwerk im >Flamboyant.
Franziskaner >Franziskaner-Orden.
Franziskaner-Orden = vom heiligen Franziskus von Assisi (1181/82–1226) gegründeter Bettelorden; hierzu zählen die eigentlichen Franziskaner, die Minoriten, die Kapuziner und die >Klarissen; besonders in Seelsorge, in Erziehung, Mission und im Sozialbereich tätig.
Fresko-Malerei = Malerei auf frischem Kalkputz; >Secco-Malerei.

Gewände = schräg geführte Seitenfläche eines Portals (oder eines Fensters); kann profiliert oder abgetreppt sein (Stufenportal).
Gewölbe = oberer Abschluss eines Raumes mit krummen Flächen.
Gewölbefeld >Joch.
Gewölbekappe = eines der vier Teilstücke eines >Kreuzgewölbes.
Gotik = Baustil; in Deutschland ca. Anfang 13. bis Anfang 16. Jahrhundert; vornehmlich Steinmetz-Gliederbau; leichte und emporstrebende Architektur mit >Spitzbogen, >Kleeblattbogen, auch >Stern- oder >Netzgewölben, filigranen >Säulen unter >Kapitellen und >Maßwerk.
Grat = hier: Kante zwischen zwei sich überschneidenden Flächen eines >Gewölbes.
Gurtbogen = quer zur Längsachse eines >Tonnen- oder >Kreuzgewölbes verlaufendes Bauelement, das statische oder gliedernde Funktion hat.

Halbkreisbogen >Rundbogen.
Halbsäule >Säule.
Haustein = bearbeiteter Naturstein.
Historismus = Baustil; in Deutschland etwa im 19. Jahrhundert; Wiederaufleben aller bisherigen Baustile; Beginn Stahl-Skelett-Bau.
Hortus = Klostergarten.

Ikonographie = hier: Form- und Inhaltsdeutung (zum Beispiel von Steinmetzarbeiten).

Joch = hier: Gewölbefeld auf vier Stützen in einer Folge gleichartiger >Gewölbe.
Jugendstil = Baustil; in Deutschland um 1900; eigener floraler Stil.
Jungfrauenstift = Damenstift.
Kämpfer = waagerechter Bereich eines Gewölbes oder Bogens, von dem die Last auf das senkrechte Mauerwerk übertragen wird.
Kanoniker = >Chorherren.
Kanonissen = >Chorfrauen.
Kapitel = eigentlich Textabschnitt in der Regel, die das Zusammenleben von >Mönchen, >Nonnen, >Chorfrauen oder >Chorherren reglementiert; hier: im übertragenen Sinne auch die jeweilige Gemeinschaft selbst.
Kapitell = Verbindungselement zwischen einer >Säule oder einem >Pfeiler und der aufliegenden Last; kann in einer Vielzahl von Formen und mit reichen Verzierungen gestaltet sein.
Kapitelsaal = Raum im >Kloster, in dem das >Kapitel zu Weisungen und zur Verlesung der Ordensregel zusammenkommt.
Kapuziner >Franziskaner-Orden.
Karmeliten = >Bettelorden; gegründet im 12. Jahrhundert; nach dem Berg Karmel im Heiligen Land benannt, wo zahlreiche >Eremiten lebten.
Karmelitinnen = weiblicher Zweig der >Karmeliten.
Kartause = hier: Kloster der >Kartäuser.
Kartäuser = Mönchsorden, der das Leben von >Eremiten und ein beschauliches Gemeinschaftsleben miteinander verbindet; gegründet vom heiligen Bruno von Köln gegen Ende des 11. Jahrhunderts.
Klarissen = weiblicher Zweig des >Franziskaner-Ordens; nach der heiligen Klara von Assisi benannt.
Klassizismus = Baustil; in Deutschland ca. Mitte 18. bis Anfang 19. Jahrhundert; Aufleben antiker Baustile.
Klause = Wohnstatt eines >Eremiten; früher oft eine Höhle.
Klausur = abgeschlossener Bereich innerhalb eines >Klosters, der nur den Mitgliedern des >Ordens vorbehalten ist.
Kleeblattbogen = Bogenform, die durch drei Kreissegmente mit gleichem Radius gebildet wird.
Kleriker, Klerus = Gesamtheit aller katholischen Geistlichen, die die >Weihe erhalten haben.

Glossar

Klerikerchor >Chor.
Kloster = hier: Gebäudekomplex, in dem >Mönche oder >Nonnen sowie >Kanoniker oder >Kanonissen zusammenleben; auch >Konvent genannt.
Klosterhof >Kreuzgang.
Klosterkirche = einem >Kloster zugeordnete Kirche, deren >Langhaus i.d.R. auch >Laien zugänglich ist.
Kollegiatsstift oder Kollegiatskapitel = Körperschaft von >Kanonikern an einer Stiftskirche.
Kongregation >Kapitel.
Konsole = ein aus einer Steinwand vorkragendes Bauelement (Kragstein); oft reich verziert; überträgt die Last eines >Gewölbes auf die Wand.
Konvent = in einem >Kloster zusammen lebende Gemeinschaft; auch auf das >Kloster selbst angewendet.
Konventualen = in einem >Konvent lebende >Kleriker.
Konversen = hier: >Laien oder Laienbrüder, die dem >Kloster oder >Konvent für zumeist gröbere Arbeiten zur Verfügung stehen.
Konversen-Flügel = Teil des >Klosters, der den >Konversen dient.
Korbbogen = Bogenform, die durch einen gestauchten Halbkreis gebildet wird.
Kreuzgang = Umgang um einen Hof innerhalb der >Klausur eines >Klosters oder >Stifts; ähnlich einem >Arkadenhof; Säulenreihen liegen im Erdgeschoss auf der >Bank auf; innerhalb des Gevierts der Kreuzhof oder Klosterhof, der nur an einigen Stellen vom Kreuzgang aus zugänglich ist.
Kreuzgarten = begrüntes Geviert innerhalb des >Kreuzgangs.
Kreuzgewölbe = Gewölbeform, die beim Verschnitt zweier gleichhoher >Tonnengewölbe entsteht.
Kreuzgratgewölbe = Gewölbeform; besteht aus einem >Kreuzgewölbe, bei dem sich die Gewölbeflächen in >Graten verschneiden.
Kreuzhof >Kreuzgang.
Krypta = gewölbter Raum unter dem >Chor einer Kirche; oft Begräbnisstätte.

Laien, Laienbrüder = alle Christen, die nicht dem >Klerus angehören.
Laienschiff = >Langhaus einer >Klosterkirche oder >Stiftskirche, das auch für die> Laien zugänglich ist.

Laienschwestern = weibliche Form der >Konversen.
Langhaus = Teil einer Kirche zwischen der (i.d.R. westlichen) Fassade oder dem >Westwerk und dem >Querhaus.
Lapidarium = Sammlung von Steindenkmälern.
Lavatorium =Raum zur Körperpflege und zur Wäsche in einem Kloster; >Brunnenhaus.
Lettner = hier: in >Klosterkirchen oder >Stiftskirchen raumteilendes Bauelement aus Stein oder Holz, das den >Chor vom >Laienschiff trennt.
Lisene = im Mauerverband schwach hervortretende senkrechte >Vorlage.

Maßwerk = ornamentales steinernes Bauelement zur Aufteilung von hohen fensterartigen Öffnungen; häufig in der >Gotik angewendet; kann ein-, zwei- oder dreibahnig – auch mehrbahnig – ausgeführt sein.
Minoriten >Franziskaner-Orden.
Mönch = männliches Mitglied eines >Ordens.
monastisch = mönchisch.
Münster = i.d.R. in Süddeutschland gleichbedeutend mit >Dom; im Sprachgebrauch auch große, bedeutende Kirche.

Necessarium = Abortanlage eines >Klosters.
Netzgewölbe = Gewölbeform, die durch Verschneiden vieler parallelogrammförmiger Flächen entsteht.
Neues Bauen = Baustil, in Deutschland etwa ab Ende 19. Jahrhundert; Stahl-Skelett-Bau.
Nonne = weibliches Mitglied eines >Ordens.
Nut = rillenartige Vertiefung.

Oratorium = Betstube in einem Kloster; auch Teil der >Klosterkirche.
Orden = hier: Lebensgemeinschaften, in der sich Christen zu einer dauernden Einhaltung bestimmter Regeln verpflichten, wie Gehorsam, Keuschheit oder Armut.

Parabelbogen = Bogenform, die durch zwei gegenüberliegende Parabelsegmente gebildet wird.

Glossar

Paradies = einem >Atrium ähnlicher Hof vor dem West-Portal einer Kirche.
Paramente = liturgische Gewänder sowie Gegenstände und Tücher zur Ausstattung von Kirchen.
Parlatorium = Sprech- und Besucherstube eines >Klosters.
Pass = hier: Zierform aus mehreren Kreisen oder Kreissegmenten; >Dreipass, >Vierpass, >Maßwerk.
Perestyl = >Arkadenhof.
Pfeiler = Stütze aus Mauerwerk mit rechteckigem, quadratischem oder >polygonalem Querschnitt zwischen >Arkaden oder Fenstern; auch >Rundpfeiler.
Pilaster = einer Wand vorgelagerter, halber >Pfeiler.
polygonal = vieleckig.
Prämonstratenser = von Norbert von Xanten zu Anfang des 12. Jahrhunderts gegründeter >Orden von <Chorherren.
Prämonstratenserinnen = weiblicher Zweig der >Prämonstratenser.
Protestanten = Mitglieder aller evangelischen Glaubensgemeinschaften, die aus der >Reformation hervorgegangen sind.
Pultdach = an eine senkrechte Wand sich anlehnende, schräge Dachfläche.

Quadrum = hier: Bezeichnung für die i. d. R. im Quadrat oder Rechteck angeordneten vier Gebäudeflügel eines >Klosters.
Querhaus, Querschiff = quer zum >Langhaus (i.d.R. im Osten) verlaufender Teil einer Kirche; die Durchdringung ergibt die >Vierung.

Refektorium = Speisesaal in einem >Kloster.
Reformation = insbesondere durch den >Augustiner-Mönch Martin Luther (1483–1546) ausgelöste Bewegung; führte zur Trennung der >Protestanten von der katholischen Kirche.
Remter = hier: auch Speisesaal.
Renaissance = Baustil; in Deutschland ca. Anfang 16. bis Anfang 17. Jahrhundert; Putz-Stuck-Bau, starker italienischer Einfluss.
Rippe = hier: stabartiges steinernes Bauelement.
Romanik = Baustil; in Deutschland ca. Mitte 10. bis Mitte 13. Jahrhundert; Quaderbau; mächtige Architektur mit >Rundbogen, >Kreuz- oder Kreuzgratgewölben auf mächtigen >Pfeilern oder >Säulen unter reich skulpturierten >Kapitellen.

Rundbogen = Bogenform, die durch einen Halbkreis gebildet wird, auch >Halbkreisbogen genannt; besonders in der >Romanik angewendet

Rundpfeiler = >Pfeiler ohne >Kapitell mit auf der Länge gleichem, kreisförmigem Querschnitt.

Säkularisierung = eigentlich Entweihung (>Weihe) von Sachen (oder Personen); im weiteren Sinne Enteignung oder Zweckentfremdung von kirchlichem Besitz, vor allem nach der >Reformation und zu Anfang des 19. Jahrhunderts.

Säule = im Steinbau verwendetes Stützelement mit kreisförmigem Querschnitt, das im Unterschied zum >Rundpfeiler sich auf der Länge verjüngen oder in seiner Form verändern kann (unzählige Schmuckformen); steht auf einer quadratischen Platte mit unterschiedlichen Randprofilen; Übergang zur Auflast durch >Kapitell.

sakral = kirchlich, geistlich.

Sanktuarium = Raum einer Kirche, der ausschließlich für liturgische Handlungen betreten werden darf.

Satteldach = zwei gegeneinander ansteigende Dachflächen.

Schlussstein = hier: meist runder vorkragender Stein im Scheitelpunkt eines >Kreuz- oder >Kreuzgratgewölbes; oft reich verziert.

Scriptorium = Schreibstube eines >Klosters.

Secco-Malerei = Wandmalerei auf trockenem Putz; im Gegensatz zur >Fresko-Malerei, bei der auf den noch feuchten Putz gemalt wird.

Serviten = in Florenz gestifteter Mönchsorden, der die >Augustiner-Regel befolgte; auch „Orden der Diener Mariens" benannt.

Spitzbogen = Bogenform, die spitz nach oben zuläuft; besonders in der >Gotik angewendet.

Spolie = ein wiederverwendetes Bauteil, das aus einem abgebrochenen Gebäude stammt.

Sterngewölbe = Gewölbeform, die durch Verschneiden verschiedener rhombenförmiger Flächen entsteht.

Stift = hier: Vereinigung von >Kanonikern, >Kanonissen oder adeligen Damen; aber auch die Gebäude, in denen diese leben; >Damenstift.

Stiftskirche = einflussreiche Kirche, die nicht >Bischofskirche ist.

Strebepfeiler = pfeilerartige Mauerverdickung; meist schräg aufgemauert; zum Auffangen hoher Schub- oder Druckkräfte.

Sturz = oberer Abschluss einer Tür- oder Fensteröffnung.

Taustab = steinernes Bauelement oder Profil, das aus einem gedrehten strukturierten Stab besteht; ähnlich einem Tau.
Tonnengewölbe = Gewölbeform, deren Querschnitt ein >Halbkreisbogen ist; vor allem im >Barock verwendet..
Tonsur = vollständiger oder teilweiser Haarschnitt als Zeichen der Unterwerfung, Buße oder Aufnahme in den geistlichen Stand; in den verschiedenen >Orden unterschiedlich streng gehandhabt; im übertragenen Sinn auch für das >Brunnenhaus angewandt, in dem die Tonsur erfolgte.

Ursulinen = ein auf die heilige Ursula zurückgehender, im 16. Jahrhundert gegründeter Nonnenorden, der ursprünglich seine Mitglieder vor den Anfechtungen des weltlichen Lebens schützen sollte; bis heute meist im schulischen und sozialen Bereich tätig.

Vergitterung = hier: >Maßwerk.
Vierpass oder Viererpass = aus vier Kreisbogen zusammengesetzte Figur im >Maßwerk; >Pass.
Vierung = Teil einer Kirche, bei dem sich >Langhaus und >Querhaus durchdringen; i.d.R. im Osten gelegen.
Vorlage = hier: Gliederung einer Mauer oder eines >Pfeilers durch eine >Halbsäule, durch >Dienste oder einen >Pilaster.
Vorromanik = Baustil; in Deutschland ca. Ende 5. bis Mitte 11. Jahrhundert; vornehmlich Mauer-Massivbau.

Wandpfeiler = >Pfeiler, >Pilaster.
Wandvorlage = >Vorlage.
Wange = hier: eines der vier Teilstücke eines >Kreuzgewölbes.
Weihe = hier: feierliche religiöse Handlung, durch die eine Person (beispielsweise ein >Kleriker) oder eine Sache (beispielsweise eine Kirche) in herausgehobener Weise in den Dienst Gottes gestellt wird.
Westwerk = im Westen einer Kirche angeordnetes, selbständiges Bauteil; i.d.R. von zwei mächtigen Türmen überbaut; insbesondere in der >Romanik üblich.
Widerlager = Auflage eines >Bogens oder >Gewölbes, um Schub und Druckkräfte zu übertragen.

Zackenbogen = Bogenform, die durch mehrere Kreissegmente mit gleichem Radius gebildet wird; insbesondere in der >Gotik angewendet.
Zellengewölbe = >Netz- oder >Sterngewölbe, bei dem die Flächen besonders vertieft und die Grate scharfkantig ausgebildet sind.
Zentralbau = runder Baukörper mit gleichen Achsen; Anwendung auch in der Kirchenarchitektur.
Zisterzienser = zu Ende des 11. Jahrhunderts gegründeter Bettelorden; nach seinem Gründungskloster Cîteaux in Burgund benannnt; Verwirklichung eines strengen Armutsideals; unter Abt Bernhard von Clairveaux (1090–1153) schnelle Ausbreitung in ganz Europa; insbesondere Ansiedlungen zur Urbarmachung einsamer – meist wasserreicher – Gegenden.
Zisterzienserinnen = weiblicher Zweig der >Zisterzienser.

Literaturhinweise

Nur wenige deutsche Veröffentlichungen befassen sich speziell mit dem Thema „Kreuzgänge"; sie richten sich i.d.R. an die entsprechenden Fachleute. Für Laien empfiehlt sich besonders:
Legler, Rolf: Kreuzgänge – Orte der Meditation. DuMont, Köln, 1995.

Die Klosterarchitektur wird beschrieben in den reich bebilderten Bänden:
Badstübner, Ernst: Kirchen der Mönche – Die Baukunst der Reformorden im Mittelalter. Koehler & Amelang, Berlin / Leipzig, 1992.
Braunfels, Wolfgang: Abendländische Klosterbaukunst. DuMont, Köln, 1985.
Binding, Günther und Matthias Untermann: Kleine Kunstgeschichte der mittelalterlichen Ordensbaukunst in Deutschland. Wissenschaftliche Buchgesellschaft, Darmstadt, 1993.

Über Klöster gibt es eine Vielzahl von Büchern und Bildbänden, zum Beispiel:
Biermann, Alfons W.: Unsere mittelalterlichen Klöster. Umschau-Verlag, Frankfurt/Main, 1986.
Faure, Daniel und Véronique Rouchon Mouilleron: Klöster – Universum der Stille und der Kontemplation, (deutsche Ausgabe). Flammarion, Paris, 2003.
Grégoire, Réginald, Léo Moulin und Raymond Oursel: Die Kultur der Klöster. Belser, Stuttgart / Zürich, 1995.
Richner, Werner: Klöster – Orte der Stille. Herder, Freiburg/Breisgau, 2001.

Wer sich über das christliche Mönchtum, das Klosterleben und die verschiedenen Orden informieren will, dem sei empfohlen:
Schwaiger, Georg und Mitarbeiter: Mönchtum, Orden, Klöster – Von den Anfängen bis zur Gegenwart. C. H. Beck, München, 1993.

Literaturhinweise

Die Architektur von der Antike bis zur Neuzeit wirkte sich auch auf die Kloster- und Kreuzgangarchitektur aus. Sie wird im folgenden, reich bebilderten Band präzise und knapp beschrieben:
Koepf, Hans und Günther Binding: Bildwörterbuch der Architektur. Kröner, Stuttgart, 1999.

Bei der Suche nach Kreuzgängen und Kreuzgangresten und der sich anschließenden Bearbeitung waren mir insbesondere die nachfolgenden Bände und ihre Vorgängerausgaben behilflich:
Dehio, Georg: Handbuch der Deutschen Kunstdenkmäler – Berlin. Deutscher Kunstverlag, München / Berlin, 2000.
Dehio, Georg: Handbuch der Deutschen Kunstdenkmäler – Brandenburg. Deutscher Kunstverlag, München / Berlin, 2000.
Dehio, Georg: Handbuch der Deutschen Kunstdenkmäler – Bremen / Niedersachsen. Deutscher Kunstverlag, München / Berlin, 1992.
Dehio, Georg: Handbuch der Deutschen Kunstdenkmäler – Hamburg / Schleswig-Holstein. Deutscher Kunstverlag, München / Berlin, 1994.
Dehio, Georg: Handbuch der Deutschen Kunstdenkmäler – Mecklenburg-Vorpommern. Deutscher Kunstverlag, München / Berlin, 2000.
Dehio, Georg: Handbuch der Deutschen Kunstdenkmäler – Sachsen I. Deutscher Kunstverlag, München / Berlin, 1996.
Dehio, Georg: Handbuch der Deutschen Kunstdenkmäler – Sachsen II. Deutscher Kunstverlag, München / Berlin, 1998.
Dehio, Georg: Handbuch der Deutschen Kunstdenkmäler – Sachsen-Anhalt I. Deutscher Kunstverlag, München / Berlin, 2002.
Dehio, Georg: Handbuch der Deutschen Kunstdenkmäler – Sachsen-Anhalt II. Deutscher Kunstverlag, München / Berlin, 1999
Dehio, Georg: Handbuch der Deutschen Kunstdenkmäler – Thüringen. Deutscher Kunstverlag, München / Berlin, 2003.

Literaturhinweise

Außerdem sei besonders auf die preiswerten Bändchen hingewiesen, die bei den wichtigsten Kulturdenkmälern verkauft und vor allem von folgenden Verlagen (aber auch von sonstigen Herausgebern) veröffentlicht werden. Auch durch dieses Material und ähnliche Broschüren erhielt ich wesentliche Informationen bei der Erarbeitung dieses Reisebegleiters:

Deutscher Kunstverlag, München / Berlin, Reihe „Große Baudenkmäler".

Kai Homilius Verlag. Berlin, Reihe „Der historische Ort".

Verlag Langewiesche Nachfolger, Königstein im Taunus, Reihe „Reiseziele für Kunstfreunde" und „Die blauen Bücher".

Verlag Schnell & Steiner, Regensburg, Reihe „Kleine Kunstführer".

Philipp-K. Pfannenstiel

Philipp-Kaspar Pfannenstiel, geboren 1926 in Münster/Westf.; Schulzeit in Marburg/L.; Kriegsdienst bei der Marine und Gefangenschaft; Abitur und handwerkliche Lehre; Grubenelektriker, Ingenieurschule und Elektrosteiger unter Tage im Ruhrgebiet; Studium Bergbaukunde in Clausthal; als Diplom-Bergingenieur auf Steinkohlenzechen sowie in Forschung und Entwicklung im Ruhrbergbau tätig; ca. 40 Veröffentlichungen über neue technische Projekte; 1989 Pensionierung und Umzug nach Goslar; seit 2004 Wohnsitz in Berlin; ab 1994 Studien über Kreuzgänge.

Der Heilige Gral und Der Goldene Kelch der Wettiner
von Reinhard Rehmann

So besuchte ich immer wieder die Doppelkapelle, um ihr ein großes Geheimnis zu entlocken, von dem ich wusste, dass es hier an diesem Ort offenbar werden würde. Sitzend vor der Säule sah ich Dinge, die nie jemand vor mir je gesehen hat. Darunter ein Bild vom Heiligen Gral ...

978-3-86634-291-0 Hardcover, 20,5 x 25 cm
19,50 Euro 106 Seiten, 16 sw- und 19 Farbabb.